초등 영어 **1** 타 강사

혼공쌤의
초등 영문법
일력

허준석 · 혼공스쿨 연구진 지음

KB209303

★
혼공쌤의
필수 영단어
활동지 다운로드!

주니어 **김영사**

**다음 문장을 읽고, 문장이 몇 형식인지,
그리고 밑줄 친 단어의 역할이 무엇인지 쓰세요.**

❶ Mrs. Park explained <u>the concept</u>.

박 선생님은 개념을 설명했다.

⇨ (　　)형식, the concept의 역할 :

❷ The shop sold <u>him</u> a rare book.

가게는 그에게 희귀한 책을 팔았어요.

⇨ (　　)형식, him의 역할 :

❸ The news made him <u>speechless</u>.

그 뉴스는 그의 말문을 막히게 했어요.

⇨ (　　)형식, speechless의 역할 :

괄호 안의 문장을 알맞게 배열하여 문장을 완성하세요.

❹ (on the water, is, drifting, the boat)

⇨

❶ 3, 목적어 ❷ 4, 간접 목적어 ❸ 5, 목적(격) 보어
❹ The boat is drifting on the water. / The boat on the water is drifting.

지은이 **허준석**

고등학교 영어 교사로 16년, EBS 강사로 17년간 아이들을 가르쳐 온 베테랑 영어 강사이다. EBS 매직 중학영문법 시리즈로만 100만 명 이상의 수강생을 기록한 스타 강사이며, 지금까지 총 400만 명 이상의 학생을 온라인에서 가르쳤다. 공교육과 사교육의 가교 역할을 위해 만든 유튜브 〈혼공TV〉에 1,200편에 이르는 무료 영어 강의를 제작·보급하고 있으며, 70권 이상의 도서를 집필하는 등 교재 전문가로도 활동하고 있다. 현재는 공사교육 영어 교사들의 모임인 '혼공스쿨'의 대표이자 (주)혼공유니버스의 대표 이사로, 전 세계를 오가며 교육 사업을 진행하고 있다.

초등 영어 1타 강사
혼공쌤의 초등 영문법 일력

1판 1쇄 인쇄 | 2024. 11. 05.
1판 1쇄 발행 | 2024. 11. 25.

허준석·혼공스쿨 연구진(원경연, 진현정, 이준이, 이다은, 정고은) 지음

발행처 김영사 | **발행인** 박강휘
편집 김인애 | **디자인** 홍윤정 | **마케팅** 이철주 김나현 | **홍보** 조은우 육소연
등록번호 제 406-2003-036호 | **등록일자** 1979. 5. 17.
주소 경기도 파주시 문발로 197(우10881)
전화 마케팅부 031-955-3100 | 편집부 031-955-3113~20 | 팩스 031-955-3111

값은 표지에 있습니다.
ISBN 979-11-94330-95-0 72740

좋은 독자가 좋은 책을 만듭니다. 김영사는 독자 여러분의 의견에 항상 귀 기울이고 있습니다.
전자우편 book@gimmyoung.com | 홈페이지 www.gimmyoung.com

빈칸에 알맞은 숫자를 써넣으세요.

❶ (   )형식 문장은 주어+동사+목적어+목적격 보어의
구조로 이루어져 있어요.

❷ (   )형식 문장은 주어+수여 동사+간접 목적어
+직접 목적어의 구조로 이루어져 있어요.

❸ (   )형식 문장은 주어+동사의 간단한 구조로
이루어져 있어요. '~가 ~한다'라는 의미로, 주어와
동사 외에 부사, 전치사구 등이 올 수 있어요.

❹ (   )형식 문장은 주어+동사+목적어의 구조로
이루어져 있어요.

❺ (   )형식 문장은 주어+동사+명사/형용사의 구조로
이루어져 있어요. '~는 ~이다(하다)'라는 의미이고,
명사 또는 형용사가 주어를 설명하는 역할을 해요.

❶5 ❷4 ❸1 ❹3 ❺2

혼공!

혼공쌤은 영어를 너무나 좋아하던 학생이었어요. 시골에서 자랐고, 영어 유치원, 특목고를 나온 적은 없지만 틈나는 대로 원어민 목소리를 듣고 따라 하기를 반복했어요. 그렇게 영어 단어와 문장을 익힌 것이 인생에 큰 변화를 주다니!

지금은 1년에 서너 번씩은 캐나다와 미국에 가고 많은 사람과 영어로 대화하며 멋진 곳을 구경하기도 한답니다. 너무나 행복한 시간의 연속이라 가끔은 볼을 꼬집으면서 '이게 꿈이야 생시야?'라고 마음속으로 묻기도 해요.

그렇다면 선생님처럼 영어로 자유롭게 소통하려면 어떻게 해야 할까요? 쉽지 않겠지만 영문법을 한 번 정도는 반드시 정리해야 해요. 물론, 자연스러운 방식으로 영문법을 익히는 게 중요하겠지요? 그래서 혼공쌤이 국내 최초로 영문법을 작게 작게 쪼개서 365일치의 조각으로 만들었어요. 서점을 돌아다니며 찾아보세요. 이렇게 만든 영문법 책이 있는지 말이에요. 하하.

 **Day 362** 5형식 문장 총정리

5형식 문장

주어+동사+목적어+목적격 보어로 이루어지며
'~는 ~를(을) ~하게 ~하다'라고 해석해요.
목적격 보어 자리에는 형용사,
동사 원형 등이 올 수 있어요.

표현 블럭

make him speechless 그의 말문을 막히게 하다

catch him cheating 그가 부정행위 하는 것을 잡다

find the solution to be effective 그 해결책이 효과적임을 발견하다

keep the room clean 그 방을 깨끗하게 유지하다

예문 체크

The news made him speechless.
그 뉴스는 그의 말문을 막히게 했어요.

I caught him cheating on the test.
나는 그가 시험에서 부정행위 하는 것을 잡았어요.

They found the solution to be effective.
그들은 그 해결책이 효과적임을 발견했어요.

새로운 단어 ・speechless 말문이 막힌 ・cheat ⑧ 부정행위를 하다
・effective ⑲ 효과적인

영문법을 배우는 목적은 말하고 쓰기를 위한 것이어야만 해요. 그래서 단어-표현 블록-예문으로 이어지는 덩어리 공부를 하도록 구성했어요. 아주 기가 막힙니다! 이론으로만 배우는 영문법은 딱딱하고 재미없고 머릿속에도 잘 남지 않지만, 작은 눈 덩어리를 굴리듯이 단계별로 배우는 영문법은 자연스럽게 영어 말하기, 쓰기로 연결될 거예요.

선생님은 영어로 말하고 쓰는 것이 자유로운 사람이에요. 그리고 400만 명이 넘는 제자들과 소통해 왔답니다. 이제 혼공쌤의 공부 전략을 여러분과 함께 나누고자 해요. 여러분은 이제 자신을 믿고 혼공쌤을 믿고 365일을 꾸준히 함께 걸어가면 돼요. 하루에 5분! 무슨 일이 있더라도 그 시간만큼은 집중해서 뛰어난 실력을 갖길 바랄게요.

혼공 홧짜!

– 캐나다 밴쿠버에서 **혼공쌤**

4형식 문장

주어+수여 동사+간접 목적어+직접 목적어로
구성된 문장이에요. '~는 ~에게 ~를(을)
~준다'라고 해석해요. '~준다'라는 뜻의 동사를
수여 동사라고 해요.

표현 블럭

show us the hidden caves 우리에게 숨겨진 동굴을 보여 주다
bring us some souvenirs 우리에게 기념품을 가져다주다
show us a trick 우리에게 마술을 보여 주다
give him a hug 그에게 포옹을 해 주다

예문 체크

The guide showed us the mysterious caves during the tour.
가이드는 투어 중에 우리에게 신비로운 동굴을 보여 주었어요.

They brought us some souvenirs from their vacation.
그들은 휴가에서 우리에게 기념품을 가져다주었어요.

The magician showed us a trick in the middle of the street.
마술사는 길 한가운데서 우리에게 마술을 보여 주었어요.

새로운 단어 ・cave 몡 동굴 ・souvenir 몡 기념품 ・trick 몡 속임수
・mysterious 톙 신비로운

매일 조금씩, 영어와 가까워져요!

영어를 배울 때 가장 먼저 필요한 것이 무엇일까요? 바로 '두려움을 이겨 내는 작은 자신감'입니다. 그런 면에서 혼공쌤의 일력은 아이들이 문법을 어렵게 느끼지 않고, 매일 한 걸음씩 익혀 나가면서 자신감을 키울 수 있도록 소중한 노하우를 아낌없이 담아내고 있습니다. 교과서에서 봤던, 자칫 복잡하고 어렵게 느껴질 수 있는 문법을 8품사로 나누어 한결 가볍고, 명쾌하고, 쉽게 풀어내어 주신 덕분에 부담 없이 영문법을 시작하고 즐겁게 반복할 수 있답니다.

일력의 매력은 '가랑비에 옷 젖듯 슬금슬금 자연스럽게'입니다. 교과서 속 문법을 숙제하듯 달달달 외우는 것이 아니라, 매일 한 장씩 넘기며 간단해 보이지만 알찬 내용을 통해 차근차근 문법 지식을 쌓다 보면, 결국 복잡한 문장도 다룰 수 있는 자신감을 얻게 될 거예요. '영문법이 이렇게 재밌고 친근할 수 있구나!' 하는 기분을 느끼게 하는 《혼공쌤의 초등 영문법 일력》은 영어를 시작하는 아이들, 영어 슬럼프로 고민하는 아이들, 영어 실력 향상을 기대하는 아이들 모두에게 든든한 친구가 되어 줄 것입니다.

매일 조금씩, 그 발걸음이 쌓이는 기쁨을 느끼며 영어와 더 가까워지기를 바랄게요.

— **이은경** (부모교육전문가, '슬기로운초등생활' 대표)

3형식 문장

주어+동사+목적어로 구성된 문장이에요.
'~는 ~를(을) ~한다'라는 의미로
가장 많이 쓰이는 형태의 문장이에요.

표현 블럭

put the keys 열쇠를 두다

explain the theory 이론을 설명하다

build a cottage 오두막을 짓다

fix the car 그 차를 수리하다

예문 체크

She put the keys on the sofa.
그녀는 열쇠를 소파 위에 놓았어요.

Mrs. Park explaincd thc theory.
박 선생님은 그 이론을 설명했어요.

They built a cottage.
그들은 오두막을 지었어요.

새로운 단어 ·sofa 몡 소파·theory 몡 이론 ·cottage 몡 오두막

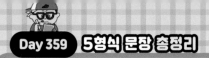

2형식 문장

주어+동사+보어로 구성된 문장이에요.
'~는 ~이다(하다)'라는 의미이며, 명사 또는
형용사가 보어로써 주어를 설명하는 역할을 해요.

**표현
블럭**

look confused 혼란스러워 보인다

sound noisy 시끄럽게 들린다

smell delicious 맛있는 냄새가 난다

was/were nervous 긴장했다

**예문
체크**

He looks confused in the meeting.
그는 회의에서 혼란스러워 보여요.

The engine sounded noisy on the highway.
엔진 소리가 고속도로에서 시끄럽게 들려요.

The cake smelled delicious in the oven.
오븐 안에서 맛있는 케이크 냄새가 나요.

새로운 단어 ·confused 웹 혼란스러운 ·noisy 웹 시끄러운 ·highway 뗑 고속 도로
·oven 뗑 오븐

명사

명사는 사람, 사물, 동물, 장소의 이름을
나타내는 단어예요.

**표현
블럭**

Tom 톰

ball 공

lion 사자

school 학교

**예문
체크**

Tom is sad.
톰은 슬퍼요.

The lion runs and runs.
사자가 달리고 달려요.

I go to school.
나는 학교에 가요.

새로운 단어 •sad 형 슬픈 •run 동 달리다 •go 동 가다 •to 전 ~쪽으로

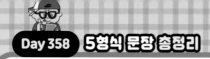

Day 358 5형식 문장 총정리

1형식 문장

주어+동사로 구성된 문장이에요.
'~가 ~한다'라는 의미로, 주어와 동사 외에
부사, 전치사구 등이 올 수 있어요.

표현 블럭

like an arrow 화살처럼

at the stranger 낯선 사람에게

on the water 물 위에

to school 학교에

예문 체크

Time flies like an arrow.
시간이 화살처럼 빨리 가요.

The dog barked at the stranger.
그 개는 낯선 사람에게 짖었어요.

The boat is drifting on the water.
배가 물 위에 떠 있어요.

새로운 단어 · arrow 몡 화살 · stranger 몡 낯선 사람 · drift 동 떠 가다

a가 붙는 단수 명사

셀 수 있는 명사 중 하나를 나타내는 것을
단수 명사라고 하고, 앞에 a를 써요.

표현 블럭

a ball 공 하나
a lion 사자 한 마리
a school 학교 하나
a car 자동차 한 대

예문 체크

There is a ball.
공이 하나 있어요.

I saw a school.
나는 학교를 하나 봤어요.

My dad is driving a car.
내 아빠가 차 한 대를 운전하고 있어요.

새로운 단어 ·**there** (부) 거기에 ·**see** (동) 보다 ·**drive** (동) 운전하다

an이 붙는 단수 명사

모음 a, e, i, o, u로 시작하는
단수 명사의 앞에는 an을 써요.

표현 블럭

an apple 사과 하나

an orange 오렌지 하나

an onion 양파 하나

an egg 계란 하나

예문 체크

I am eating an apple.
나는 사과를 하나 먹고 있어요.

My friend needs an orange.
내 친구는 오렌지 하나를 필요로 해요.

There is an onion.
양파가 하나 있어요.

새로운 단어 ・eat 통 먹다 ・need 통 필요로 하다 ・friend 명 친구

괄호 안의 빈도 부사를 넣어 영작하세요.

❶ The music makes her relaxed. (often)

⇨

괄호 안의 단어를 알맞게 배열하여 영작하세요.

❷ 그는 오늘 아침에 침대를 깔끔하게 만들었어요.

(made, this morning, he, neat, the bed)

⇨

❸ 그녀는 내가 그것을 다시 쓰도록 하지 않아요.

(doesn't, let, me, it, rewrite, she)

⇨

❹ 그녀는 개에게 뛰도록 했어요. (made, run, the dog, she)

⇨

---

❶ The music often makes her relaxed. ❷ He made the bed neat this morning.
❸ She doesn't let me rewrite it. ❹ She made the dog run.

-s가 붙는 복수 명사

셀 수 있는 명사 중 둘 이상을 나타내는 것을
'복수 명사'라고 하고, 단어 끝에 -s를 붙여요.

표현 블럭

bananas 바나나들

cats 고양이들

boys 소년들

cars 자동차들

예문 체크

The bananas are yellow.
바나나들은 노란색이에요.

The cats are cute.
고양이들은 귀여워요.

The boys play.
소년들이 놀아요.

새로운 단어 ·**yellow** 형 노란색의 ·**cute** 형 귀여운 ·**play** 동 놀다

다음 초성 힌트를 보고 빈칸에 들어갈 단어를 맞혀 보세요.

❶ 5형식 문장에 어떤 일을 얼마나 자주 하는지 나타내는
ㅂ ㄷ 부사를 동사 ㅇ 에 넣을 수 있어요.

❷ 5형식 문장인 주어＋make／made＋목적어＋목적격 보어
다음에 시간을 나타내는 ㅈ ㅊ ㅅ ㄱ 를 더하면
언제 그런 상태가 되거나, 되었는지 구체적으로 표현할 수
있어요.

❸ ㅅ ㅇ 동사는 주어가 목적어에게 어떤 행동을 하도록
시키거나 허락할 때 사용하는 동사로, 대표적으로 make,
have, let 등이 있어요.

❹ ㅅ ㅇ 동사의 부정문은 ㅅ ㅇ 동사 ㅇ 에
don't, doesn't, didn't을 써요.

❶ 빈도, 앞 ❷ 전치사구 ❸ 수여 ❹ 수여, 수여, 앞

-es가 붙는
복수 명사

s, ch, sh, o, x로 끝나는 명사는
-es를 붙여 복수 명사로 만들어요.

**표현
블럭**

bus 버스 ▶ buses 버스들

church 교회 ▶ churches 교회들

tomato 토마토 ▶ tomatoes 토마토들

box 상자 ▶ boxes 상자들

**예문
체크**

The buses are big.
버스들은 커요.

The churches are tall.
교회들은 높아요.

The tomatoes are red.
토마토들은 빨간색이에요.

새로운 단어 · big 형 큰 · tall 형 키가 큰 · red 형 빨간색의

Day 355 5형식 문장

주어 + 사역 동사 + 목적어 + 동사 원형의 부정문

사역 동사 앞에 do/did/does not을 써서
부정문을 만들어요.

표현 블럭

didn't make us do 우리가 하도록 하지 않았다

doesn't let me rewrite 내가 다시 쓰도록 하지 않다

don't have the cat hunt 그 고양이가 사냥하도록 하지 않다

doesn't let the bird fly 그 새가 날도록 하지 않다

예문 체크

Ms. Park didn't make us do extra homework.
박 선생님은 우리가 추가 숙제를 하도록 하지 않았어요.

She doesn't let me rewrite it.
그녀는 내가 그것을 다시 쓰도록 하지 않아요.

We don't have the cat hunt.
우리는 그 고양이가 사냥하도록 하지 않아요.

새로운 단어 • rewrite 통 다시 쓰다 • hunt 통 사냥하다 • extra 형 추가의

다음 초성 힌트를 보고 빈칸에 들어갈 단어를 맞혀 보세요.

❶ ㅁ ㅅ 는 사람, 사물, 동물, 장소의 이름을 나타내는
단어예요.

❷ school, bank 등은 ㅈ ㅅ 를 나타내는 단어예요.

❸ 셀 수 있는 명사 중 하나를 나타내는 것을
ㄷ ㅅ ㅁ ㅅ 라고 해요.

❹ '아, 에, 이, 오, 우, 어'와 같은 소리를 ㅁ ㅇ 이라고
해요.

❺ '둘 이상을 나타내는 단어'를 ㅂ ㅅ ㅁ ㅅ 라고
해요.

❶ 명사 ❷ 장소 ❸ 단수 명사 ❹ 모음 ❺ 복수 명사

주어 + 사역 동사 + 목적어 + 동사 원형

사역 동사 make, have, let은 주어가 목적어에게
어떤 행동을 지시할 때 사용해요.
이때 목적 보어 자리에 오는 동사는 반드시
동사 원형으로 써야 해요.

표현 블럭

made the dog run 개에게 뛰도록 했다

had him review 그에게 복습하게 했다

let the butterfly fly 나비에게 날도록 했다

had him learn 그에게 배우게 했다

예문 체크

She made the dog run.
그녀는 개에게 뛰도록 했어요.

They had him review the book.
그들은 그에게 책을 복습하게 했어요.

She let the butterfly fly.
그녀는 나비에게 날도록 했어요.

새로운 단어 ・have 동 시키다 ・let 동 허락하다 ・review 동 복습하다
・butterfly 명 나비

다음 중 우리말 의미와 맞는 것에 ○ 표시하세요.

❶ 공 하나　(a ball / balls)

❷ 양파 하나　(a onion / an onion)

❸ 소년들　(boys / boyes)

❹ 교회들　(churchs / churches)

다음 우리말을 영어로 쓰세요.

❺ 사자 한 마리
　⇨

❻ 상자들
　⇨

❶ a ball ❷ an onion ❸ boys ❹ churches ❺ a lion ❻ boxes

주어 + make / made + 목적어 + 형용사 + 장소 / 위치 전치사구

장소 전치사구를 더하면 어디서 그런 상태가 되거나, 되었는지 구체적으로 표현할 수 있어요.

표현 블럭

at the concert 콘서트에서

in the hotel 호텔에서

on the soccer field 축구장에서

at the cinema 극장에서

예문 체크

The loud music made us tired at the concert.
시끄러운 음악이 우리를 콘서트에서 피곤하게 만들었어요.

Tho bad lighting madc thc room dark in the hotel.
나쁜 조명이 호텔에서 방을 어둡게 만들었어요.

The heavy rain made us disappointed on the soccer field.
폭우가 우리를 축구장에서 실망하게 만들었어요.

새로운 단어 ·concert 명 콘서트 ·hotel 명 호텔 ·lighting 명 조명
·disappointed 형 실망한

y가 i로 변하고 -es가 붙는 복수 명사

자음+y로 끝나는 명사의 복수형을 만들 때는
y를 i로 바꾸고 -es를 붙여요.

표현 블럭

baby 아기 ▶ babies 아기들
story 이야기 ▶ stories 이야기들
candy 사탕 ▶ candies 사탕들
family 가족 ▶ families 가족들

예문 체크

The babies are happy.
아기들이 행복해요.

The stories are fun.
이야기들이 재미있어요.

The candies are sweet.
사탕들이 달아요.

새로운 단어 • happy 형 행복한 • fun 형 재미있는 • sweet 형 달콤한

주어 + make / made + 목적어 + 형용사 + 시간 전치사구

시간 전치사구를 더하면 언제 그런 상태가 되거나, 되었는지 구체적으로 표현할 수 있어요.

표현 블럭

last week 지난주에

every day 매일

this morning 오늘 아침

yesterday 어제

예문 체크

I made the event successful last week.
나는 지난주에 그 행사를 성공적으로 만들었어요.

She makes the situation better every day.
그녀는 매일 상황을 더 좋게 만들어요.

Mr. Park made the bed neat this morning.
박 선생님은 오늘 아침 침대를 단정하게 만들었어요.

새로운 단어 ·event 명 행사 ·better 형 더 나은 ·neat 형 단정한

f 또는 fe가 v로 변하고 es가 붙는 복수 명사

f나 fe로 끝나는 명사의 복수형을 만들 때는
f나 fe를 v로 바꾸고 −es를 붙여요.

표현 블럭

leaf 잎 ▶ leaves 잎들
wolf 늑대 ▶ wolves 늑대들
knife 칼 ▶ knives 칼들
loaf 빵 한 덩이 ▶ loaves 빵 여러 덩이

예문 체크

Look at the leaves.
잎들을 보세요.

We see two wolves.
우리는 늑대 두 마리를 봐요.

We have three loaves.
우리는 빵 세 덩이가 있어요.

새로운 단어 · look 동 보다 · two 형 두 개의 · three 형 세 개의

주어 + 빈도 부사 + make / made + 목적어 + 형용사

빈도 부사를 동사 앞에 넣어
어떤 일을 얼마나 자주 하는지 표현해요.

표현 블럭

always make the lecture fun 항상 수업을 재미있게 만든다
often make my voice louder 자주 내 목소리를 더 크게 만든다
sometimes make her relaxed 때때로 그녀를 편안하게 만든다

예문 체크

You always make the lecture fun.
당신은 항상 강의를 재미있게 만들어요.

She often makes my voice louder.
그녀는 자주 내 목소리를 더 크게 만들어요.

They sometimes make her relaxed.
그들은 때때로 그녀를 편안하게 만들어요.

새로운 단어 • lecture 뗑 강의 • voice 뗑 목소리 • louder 휑 더 큰

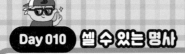

Day 010 셀 수 있는 명사

앞의 규칙이 안 통하는 명사

모음+y로 끝나는 단어는 -s만 붙여서 복수형을 만들어요. 그 외 -es/-ves 규칙을 따를 것 같지만 예외적으로 -s만 붙이는 단어들이 있어요.

표현 블럭

toy 장난감 ▶ toys 장난감들

roof 지붕 ▶ roofs 지붕들

piano 피아노 ▶ pianos 피아노들

photo 사진 ▶ photos 사진들

예문 체크

I have many toys.
나는 많은 장난감들을 가지고 있어요.

The roofs are blue.
지붕들이 파란색이에요.

We see the photos.
우리는 사진들을 봐요.

새로운 단어 •have 동 가지고 있다 •many 형 많은 •blue 형 파란색의

괄호 안의 단어를 알맞게 배열하여 영작하세요.

❶ 그는 방과 후에 그녀에게 일정을 알려 줘요.

(tells, he, her, after school, the schedule)

⇨

❷ 그들은 골대 뒤에서 우리에게 공을 빌려줘요.

(they, us, a ball, lend, behind the goalpost)

⇨

❸ 우리는 캐비닛에서 그들에게 병을 가져다줘요.

(bring, the cabinet, from, a jar, we, them)

⇨

❹ 승리가 팀을 행복하게 만들었어요.

(the victory, happy, made, the team)

⇨

❶ He tells her the schedule after school. ❷ They lend us a ball behind the goalpost.
❸ We bring them a jar from the cabinet. ❹ The victory made the team happy.

단복수가 같은 명사

몇몇 셀 수 있는 명사들은 단수형과 복수형의
형태가 같아요. 이러한 단어들은 주로
동물이나 특정 사물인 경우가 많고,
관습적으로 사용돼요.

**표현
블럭**

fish 물고기 ▶ fish 물고기들

deer 사슴 ▶ deer 사슴들

sheep 양 ▶ sheep 양들

moose 무스 ▶ moose 무스들

**예문
체크**

The fish are swimming in the sea.
물고기들이 바다에서 수영하고 있어요.

Look at the deer.
사슴들을 보세요.

We have ten sheep.
우리는 양 열 마리가 있어요.

새로운 단어 ·swim 동 수영하다 ·in 전 ~에, ~에서 ·sea 명 바다 ·ten 형 열 개의

다음 초성 힌트를 보고 빈칸에 들어갈 단어를 맞혀 보세요.

❶ 4형식 문장에서 ㅈ ㅅ 나 ㅇ ㅊ 를 나타내는
전치사구를 덧붙여서 구체적인 장소도 표현할 수 있어요.

❷ ㅅ ㅇ 동사를 사용한 문장에 ㅈ ㅅ 를 나티네는
표현을 덧붙이면 '~가 (어디에서) ~에게 ~을 ~주는
중이다'라는 의미가 돼요.

❸ 5형식 문장은 주어 + 동사 + ㅁ ㅈ ㅇ
+ ㅁ ㅈ ㄱ ㅂ ㅇ 의 구조로 이루어지며,
이 중에서도 make나 made를 사용하여 목적어가
변화했음을 표현해요. '~가 ~을 ~하게 만들었다'라고
해석해요.

❹ 5형식 문장을 부정할 때, 주어 + do / does / did not
+ 동사 + ㅁ ㅈ ㅇ + ㅁ ㅈ ㄱ ㅂ ㅇ 로
써요. '~가 ~을 ~하게 하지 않았다'라고 해석해요.

❶ 장소, 위치 ❷ 수여, 장소 ❸ 목적어, 목적격 보어 ❹ 목적어, 목적격 보어

단복수가 다른 명사

몇몇 셀 수 있는 명사들은 단수형과 복수형이
다르고 규칙을 따르지 않아요.
대신 각 단어마다 고유한 변화를 가지고 있어요.

표현 블럭

man 남자 ▶ men 남자들

woman 여자 ▶ women 여자들

child 아이 ▶ children 아이들

foot 발 ▶ feet 발들

예문 체크

We see three handsome men.
우리는 잘생긴 남자 세 명을 봐요.

There are two smart women.
똑똑한 여자들이 두 명 있어요.

My feet are cold.
내 발들이 추워요.

새로운 단어 •cold ⑱ 추운 •handsome ⑱ 잘생긴 •smart ⑱ 똑똑한

주어 + make / made + 목적어 + 형용사의 부정문

주어+do/does/did not+동사 원형+목적어
+목적격 보어의 형태로 부정문을 만들어요.

표현 블럭

didn't make the test easy 시험을 쉽게 만들지 않았다

didn't make the situation worse 상황을 더 나쁘게 만들지 않았다

didn't make me comfortable 나를 편안하게 만들지 않았다

didn't make the children sleepy 아이들을 졸리게 만들지 않았다

예문 체크

The teacher didn't make the test easy.
선생님이 시험을 쉽게 만들지 않았어요.

The mistake didn't make the situation worse.
실수가 상황을 더 나쁘게 만들지 않았어요.

The trip didn't make me comfortable.
여행은 나를 편안하게 만들지 않았어요.

새로운 단어 • situation 명 상황 • worse 형 더 나쁜 • comfortable 형 편안한

빈칸에 들어갈 말을 맞혀 보세요.

❶ 명사가 자음+y로 끝날 때, y를 (   )로 바꾸고
   (   )를 붙여 복수형을 만들어요.

❷ 명사가 모음+y로 끝날 때, 명사 뒤에 (   )를 붙여
   복수형을 만들어요.

❸ 명사가 f나 fe로 끝날 때, 대부분의 경우 f나 fe를
   (   )로 바꾸고 (   )를 붙여 복수형을 만들어요.

❹ roof와 piano의 복수형을 만들기 위해서는
   (   )를 붙이면 돼요.

알맞은 단어에 ○ 표시하세요.

❺ fish, deer, sheep, moose는 단수형과 복수형의 형태가
   (같아요 / 달라요).

 **Day 347** **5형식 문장**

주어 + make / made
+ 목적어 + 형용사

5형식 문장은 주어+동사+목적어+목적격 보어로
구성돼요. 동사 make나 made를 사용하여
목적어가 어떤 상태로 변화했음을 표현해요.

표현 블럭

made the game hard 경기를 어렵게 만들었다
made the team happy 팀을 행복하게 만들었다
made the player mad 선수를 화나게 만들었다
made the fans excited 팬들을 신나게 만들었다

예문 체크

The victory made the team happy.
승리가 팀을 행복하게 만들었어요.

The tournament made the fans excited.
토너먼트가 팬들을 신나게 만들었어요.

The mistake made the player mad.
실수가 선수를 화나게 만들었어요.

새로운 단어 ·mad 명 화난 ·victory 명 승리 ·tournament 명 토너먼트

다음 명사의 복수형 중 올바르게 적힌 것에 ○ 표시하세요.

❶

familys	knives

photoes	toys

loafs

다음 우리말을 영어로 쓰세요.

❷ 아이들
⇨

❸ 남자
⇨

❹ 여자들
⇨

❶ knives, toys ❷ children ❸ men ❹ women

주어 + 수여 동사 + 간·목 + 직·목 + 장소 부사

장소를 나타내는 부사를 덧붙여 '~가 ~에서 ~에게 ~을 준다'를 표현할 수 있어요.

표현 블럭

by the microscope 현미경 옆에서

from the cabinet 캐비닛에서

from the shelf 선반에서

near the door 문 근처에서

예문 체크

She lends him a dropper by the microscope.
그녀는 현미경 옆에서 그에게 스포이드를 빌려줘요.

We bring them a jar from the cabinet.
우리는 캐비닛에서 그들에게 병을 가져다줘요.

I bring them a test tube from the shelf.
나는 선반에서 그들에게 시험관을 가져다줘요.

새로운 단어 ·microscope 몡 현미경 ·cabinet 몡 사물함 ·shelf 몡 선반

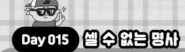

고유 명사

고유 명사는 특정한 사람, 장소,
사물의 이름을 말해요.
반드시 대문자로 시작해요.

 **표현
블럭**

Korea (국가) 한국

John (사람 이름) 존

Seoul (도시 이름) 서울

Frozen (영화 제목) 겨울 왕국

 **예문
체크**

We live in Korea.
우리는 한국에 살아요.

Seoul is a big city.
서울은 큰 도시예요.

Frozen is my favorite movie.
〈겨울 왕국〉은 내가 매우 좋아하는 영화예요.

새로운 단어 ·**live** 동 살다 ·**city** 형 도시 ·**favorite** 형 매우 좋아하는 ·**movie** 명 영화

주어 + 수여 동사
+ 간·목 + 직·목
+ 장소 / 위치 전치사구

장소나 위치 전치사구를 덧붙여
구체적인 장소를 표현할 수 있어요.

표현 블럭

behind the goalpost 골대 뒤에서

near the tennis court 테니스 코트 근처에서

in the locker room 탈의실에서

by the wall 벽 옆에서

예문 체크

They lend us a ball behind the goalpost.
그들은 골대 뒤에서 우리에게 공을 빌려줘요.

Wc tell them the rules near the tennis court.
우리는 그들에게 테니스 코트 근처에서 규칙들을 말해 줘요.

She gives him gloves in the locker room.
그녀는 탈의실에서 그에게 장갑을 줘요.

새로운 단어 •goalpost 몡 골대 •tennis court 테니스 코트 •locker room 탈의실

추상 명사

추상 명사는 눈에 보이지 않고 만질 수 없지만,
우리가 느끼거나 생각할 수 있는 것들을
나타내는 단어예요.

**표현
블럭**

love 사랑

happiness 행복

friendship 우정

freedom 자유

**예문
체크**

We feel love.
우리는 사랑을 느껴요.

Friendship is important.
우정은 중요해요.

We like freedom.
우리는 자유를 좋아해요.

새로운 단어 • feel (동) 느끼다 • important (형) 중요한 • like (동) 좋아하다

주어 + 수여 동사 + 간·목 + 직·목 + 시간 전치사구

시간 전치사구를 더해 특정 시간을
표현할 수 있어요.

표현 블럭

after school 방과 후에

after the break 쉬는 시간 후에

in the morning 오전에

at 2 pm 2시에

예문 체크

He tells her the schedule after school.
그는 방과 후에 그녀에게 일정을 알려 줘요.

He gives her the handouts after the break.
그는 쉬는 시간 후에 그녀에게 유인물을 줘요.

She lends him a highlighter in the morning.
그녀는 오전에 그에게 형광펜을 빌려줘요.

새로운 단어 •break 명 쉬는 시간 •schedule 명 일정 •handout 명 유인물
•highlighter 명 형광펜

Day 017 셀 수 없는 명사

물질 명사

물질 명사는 고체, 액체, 기체의 형태로
존재하는 것들을 말해요.

**표현
블럭**

water 물 (액체)

sugar 설탕 (분말)

stone 돌 (고체)

air 공기 (기체)

**예문
체크**

We drink water.
우리는 물을 마셔요.

Stone is hard.
돌은 딱딱해요.

Air is everywhere.
공기는 어디에나 있어요.

새로운 단어 · **drink** 동 마시다 · **hard** 형 딱딱한 · **everywhere** 부 어디에나

괄호 안의 단어를 알맞게 배열해 영작하세요.

❶ 그들은 우리에게 조언을 해 주고 있었어요.

(were, giving, us, they, advice)

⇨

⇨ **부정형**

---

❷ 그들은 우리에게 할인 혜택을 줄 거예요.

(will, they, offer, a discount, us)

⇨

⇨ **부정형**

---

❸ 박 선생님은 나에게 그의 기대를 명확히 말해 주었어요.

(told, clearly, his, expectations, me, Mr. Park)

⇨

❶ They were giving us advice. / They were not(weren't) giving us advice.
❷ They will offer us a discount. / They will not(won't) offer us a discount.
❸ Mr. Park (clearly) told me his expectations clearly.

 **Day 018** 셀 수 없는 명사

단위를 써서
세는 방법(단수)

셀 수 없는 명사는 단위를 사용해서
하나를 표현할 수 있어요.

표현 블럭

a glass of water 물 한 잔
a slice of bread 빵 한 조각
a piece of cake 케이크 한 조각
a bowl of rice 밥 한 그릇

예문 체크

I drink a glass of water.
나는 물 한 잔을 마셔요.

She eats a slice of bread.
그녀는 빵 한 조각을 먹어요.

He wants a piece of cake.
그는 케이크 한 조각을 원해요.

새로운 단어 ·water 몡 물 ·bread 몡 빵 ·cake 몡 케이크 ·want 통 원하다

다음 초성 힌트를 보고 빈칸에 들어갈 단어를 맞혀 보세요.

❶ ┃ ㅂ ┃ ㅅ ┃ 주어가 과거에 무언가를 다른 사람에게 주고 있는 상황을 나타낼 때 ┃ ㅂ ┃ ㅅ ┃ 주어(We / You / They) + were + 수여 동사 + ing + ┃ ㄱ ┃ ㅈ ┃ 목적어 + ┃ ㅈ ┃ ㅈ ┃ 목적어의 형태를 써요.

❷ 주어가 ┃ ㅁ ┃ ㄹ ┃ 에 무언가를 다른 사람에게 줄 계획일 때 주어 + will + 동사 원형 + ┃ ㄱ ┃ ㅈ ┃ 목적어 + ┃ ㅈ ┃ ㅈ ┃ 목적어의 구조를 사용해요.

❸ ┃ ㅂ ┃ ㅅ ┃ 를 사용하여 주어가 무언가를 다른 사람에게 주는 행동을 구체적으로 설명할 수 있어요. 이때 주어 + ┃ ㅅ ┃ ㅇ ┃ 동사 + ┃ ㄱ ┃ ㅈ ┃ 목적어 + ┃ ㅈ ┃ ㅈ ┃ 목적어 + ┃ ㅂ ┃ ㅅ ┃ 의 구조를 사용해요.

❶ 복수, 복수, 간접, 직접 ❷ 미래, 간접, 직접 ❸ 부사, 수여, 간접, 직접, 부사

단위를 써서
세는 방법 (복수)

셀 수 없는 명사는 단위를 복수로 써서
여러 개를 표현할 수 있어요.

표현 블럭
five glasses of water 물 다섯 잔
six slices of bread 빵 여섯 조각
seven pieces of cake 케이크 일곱 조각
eight bowls of rice 밥 여덟 그릇

예문 체크
I drink five glasses of water.
나는 물 다섯 잔을 마셔요.

She eats six slices of bread.
그녀는 빵 여섯 조각을 먹어요.

He wants seven pieces of cake.
그는 케이크 일곱 조각을 원해요.

새로운 단어 · **five** 형 다섯 개의 · **six** 형 여섯 개의 · **seven** 형 일곱 개의

주어 + 수여 동사 + 간·목 + 직·목 + 부사

문장 마지막에 부사를 써서,
주어가 무언가를 다른 사람에게 주는 행동을
구체적으로 설명할 수 있어요.

표현 블럭

generously 너그럽게

clearly 명확하게

carefully 조심스럽게

luckily 운이 좋게도

예문 체크

They gave us the chance generously.
그들은 우리에게 기회를 너그럽게 제공했어요.

Mr. Park told me his expectaions clearly.
박 선생님은 나에게 그의 기대를 명확히 말해 주었어요.

He showed his friend the new suit carefully.
그는 그의 친구에게 새 양복을 조심스럽게 보여 주었어요.

새로운 단어 ·chance 몡 기회 ·expectation 몡 기대 ·suit 몡 양복

문장을 읽으며 알맞은 단어에 O 표시하세요.

❶ Seoul, love, bread는 셀 수 (있는 / 없는) 명사예요.

다음 초성 힌트를 보고 빈칸에 들어갈 단어를 맞혀 보세요.

❷ ㄱ ㅇ 명사는 특정한 사람, 장소, 사물의 이름을
나타내요.

❸ ㅊ ㅅ 명사는 눈에 보이지 않고 만질 수 없지만 우리가
느끼거나 생각할 수 있는 것들을 말해요.

❹ ㅁ ㅈ 명사는 고체, 액체, 기체, 분말 같은 형태로
존재하는 것들을 말해요.

❺ 셀 수 없는 명사는 ㄷ ㅇ 를 사용해서 셀 수 있어요.

Day 340　4형식 문장

주어 + 수여 동사 미래형
+ 간·목 + 직·목의 부정문

주어가 미래에 무언가를 다른 사람에게
주지 않을 계획일 때, 주어+will not(won't)
+동사 원형+간접 목적어+직접 목적어로 써요.

표현 블럭

won't give you a call 너에게 전화하지 않을 것이다

won't offer him a job 그에게 일자리를 제안하지 않을 것이다

won't show us the project 우리에게 그 프로젝트를 보여 주지 않을 것이다

won't send them the documents 그들에게 서류들을 보내지 않을 것이다

예문 체크

The client won't give you a call.
그 고객은 당신에게 전화하지 않을 거예요.

The bank won't offer him a job.
은행은 그에게 일자리를 제안하지 않을 거예요.

The scientist won't show them the project.
과학자는 그들에게 프로젝트를 보여 주지 않을 거예요.

새로운 단어　·offer ⑧ 제안하다　·document ⑲ 서류　·bank ⑲ 은행

다음 중 명사의 종류가 다른 것에 ○ 표시하세요.

❶

happiness	friendship
John	freedom

다음 빈칸에 알맞은 단위를 써넣으세요.

❷ 그녀는 밥 두 그릇을 먹었어요.

She ate two (   ) of rice.

❸ 그는 케이크 한 조각을 원해요.

He wants a (   ) of cake.

❹ 나는 물 두 잔을 마셨어요.

I drank two (   ) of water.

❶ John ❷ bowls ❸ piece ❹ glasses

Day 339 **4형식 문장**

주어 + 수여 동사 미래형 + 간·목 + 직·목

주어가 미래에 무언가를 다른 사람에게 주거나
제공할 계획일 때, 주어+will+수여 동사 원형
+간접 목적어+직접 목적어의 형태를 써요.

**표현
블럭**

will send me a postcard 나에게 엽서를 보낼 것이다

will offer us a discount 우리에게 할인 혜택을 줄 것이다

will hand her the keys 그녀에게 열쇠를 건네 줄 것이다

will bring us some snacks 우리에게 간식을 좀 가져다줄 것이다

**예문
체크**

He will send me a postcard.
그는 나에게 엽서를 보낼 거예요.

They will offer us a discount.
그들은 우리에게 할인 혜택을 줄 거예요.

The old man will hand her the keys.
그 노인은 그녀에게 열쇠를 건네줄 거예요.

새로운 단어 ·postcard 몡 엽서 ·discount 몡 할인 ·hand 동 건네주다

주어 + 수여 동사 과거 진행형 + 간·목+직·목의 부정문 (복수 주어)

복수 주어+were not (weren't)+수여 동사+ing
+간접 목적어+직접 목적어의 형태를 사용해요.

표현 블럭

were not telling 알려 주고 있지 않았다

were not showing 보여 주고 있지 않았다

were not bringing 가져다주고 있지 않았다

were not teaching 가르쳐 주고 있지 않았다

예문 체크

The boys were not telling me the new skills.
그 소년들은 나에게 새 기술들을 알려 주고 있지 않았어요.

They were not showing me her diary.
그들은 나에게 그녀의 일기를 보여 주고 있지 않았어요.

The waiters were not bringing me a beverage.
웨이터들은 나에게 음료를 가져다주고 있지 않았어요.

새로운 단어 ·skill 명 기술 ·diary 명 일기 ·beverage 명 음료

this와 these

지시 대명사 this는 가까이 있는
한 사람이나 하나의 사물을 가리킬 때,
these는 여러 사람이나 사물을
가리킬 때 사용해요.

 표현 블럭

this 이것/이 사람

these 이것들/이 사람들

 예문 체크

This is my car.
이것은 나의 차예요.

This is my mom.
이 사람은 나의 엄마예요.

These are my sisters.
이 사람들은 나의 여자 형제들이에요.

새로운 단어 ·car 몡 자동차 ·mom 몡 엄마 ·sister 몡 여자 형제

Day 337 4형식 문장

주어 + 수여 동사
과거 진행형 + 간·목
+ 직·목 (복수 주어)

복수 주어+were+수여 동사+ing
+간접 목적어+직접 목적어의 형태를 사용해요.

표현 블럭

were sending 보내고 있었다

were serving 제공하고 있었다

were giving 주고 있었다

were teaching 가르쳐 주고 있었다

예문 체크

The students were sending their parents the letters.
학생들은 부모님께 편지를 보내고 있었어요.

The chefs were serving the guests their meals.
요리사들은 손님들에게 식사를 제공하고 있었어요.

They were giving us useful advice.
그들은 우리에게 유용한 조언을 해 주고 있었어요.

새로운 단어 ·serve 동 제공하다 ·guest 명 손님 ·useful 형 유용한

 **Day 023** 지시 대명사

that과 those

지시 대명사 that은 멀리 있는
사람 한 명이나 하나의 사물을 가리킬 때,
those는 여러 사람이나 사물을
가리킬 때 사용해요.

 표현 블럭

that 저것 / 저 사람

those 저 사람들 / 저 동물들

 예문 체크

That is a beautiful painting.
저것은 아름다운 그림이에요.

Are those your friends?
저 사람들이 당신의 친구들인가요?

Those are his dogs.
저것들은 그의 개들이에요.

새로운 단어 · **beautiful** 형 아름다운 · **painting** 명 그림 · **dog** 명 개

괄호 안의 단어를 알맞게 배열하여 영작하세요.

❶ 저는 그녀에게 어떠한 힌트를 주고 있지 않아요.

(hints, any, I, not, giving, her, am)

⇨

❷ 김 선생님은 그들에게 질문을 했어요.

(them, Mr. Kim, a question, asked)

⇨

❸ 그녀는 그에게 그 사진을 보여 주지 않았어요.

(she, the photo, show, him, not, did)

⇨

❹ 그녀는 그에게 그 이야기를 해 주고 있었어요.

(was, she, him, the story, telling)

⇨

 **Day 024** 지시 형용사

this와 that

지시 형용사 this, that은
명사 앞에서 '이, 저'의 뜻으로 사용돼요.

표현 블럭

this cat 이 고양이

this soup 이 수프

that building 저 건물

that girl 저 소녀

예문 체크

This cat is cute.
이 고양이는 귀여워요.

This soup tastes great.
이 수프는 정말 맛있어요.

That building is very tall.
저 건물은 매우 높아요.

새로운 단어 •taste 통 ~한 맛이 나다 •great 형 대단한 •cat 명 고양이
•building 명 건물

다음 초성 힌트를 보고 빈칸에 들어갈 단어를 맞혀 보세요.

❶ ㅅ ㅇ 동사를 사용한 진행형도 ㅂ ㅈ 문으로 만들 수 있어요. 주어+am/are/is not+수여 동사 +ing+간접 목적어+직접 목적어의 순서로 써요.

❷ 주어가 과거에 특정 물건을 다른 사람에게 주었음을 나타낼 때 주어+ ㅅ ㅇ 동사 과거형+간접 목적어+직접 목적어의 구조를 사용해요.

❸ ㄷ ㅅ 주어가 과거에 무언가를 다른 사람에게 주고 있는 상황을 나타낼 때 ㄷ ㅅ 주어(I/She/He/It) +was+수여 동사 과거 진행형+간접 목적어 +직접 목적어의 구조를 사용해요.

---

❶ 수여, 부정 ❷ 수여 ❸ 단수, 단수

Day 025 지시 형용사

these와 those

지시 형용사 these, those는
복수 명사 앞에서 '이, 저'의 뜻으로 사용돼요.

**표현
블럭**

these cookies 이 쿠키들

these students 이 학생들

those books 저 책들

those people 저 사람들

**예문
체크**

These cookies are delicious.
이 쿠키들은 맛있어요.

These students are diligent.
이 학생들은 성실해요.

Those books are interesting.
저 책들은 흥미로워요.

새로운 단어 •delicious 형 맛있는 •diligent 형 성실한 •interesting 형 흥미로운

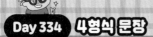

Day 334 4형식 문장

주어 + 수여 동사 과거 진행형 + 간·목 + 직·목의 부정문 (단수 주어)

주어+was not(wasn't)+수여 동사+ing
+간접 목적어+직접 목적어의 순서로 써요.

표현 블럭

wasn't lending 빌려주고 있지 않았다

wasn't telling 말해 주고 있지 않았다

wasn't teaching 가르쳐 주고 있지 않았다

wasn't writing 쓰고 있지 않았다

예문 체크

The librarian wasn't lending me a rare book.
사서는 나에게 희귀한 책을 빌려주고 있지 않았어요.

The director wasn't telling him the next scene.
감독은 그에게 다음 장면을 말해 주고 있지 않았어요.

The chef wasn't teaching her the recipe.
그 쉐프는 그녀에게 요리법을 가르치고 있지 않았어요.

새로운 단어 •librarian 명 (도서관) 사서 •rare 형 희귀한 •director 명 감독

here와 there

가까이 있는 단수의 사물, 동물, 사람을
가리키며 말할 때 'here(여기, 여기에)'를 써요.
비교적 멀리 있는 단수의 사물, 동물, 사람을
가리키며 말할 때 'there(저기, 저기에)'를 써요.

표현 블럭

Here is / Here are 여기 ~가 있어요

There is / There are 저기 ~가 있어요

예문 체크

Here is your pen.
여기 네 펜이 있어.

There is a puppy.
저기 강아지가 있어요.

There are many people.
저기 많은 사람들이 있어요.

새로운 단어　·pen 명 펜　·puppy 명 강아지　·people 명 사람들

주어 + 수여 동사 과거 진행형 + 간·목 + 직·목(단수 주어)

주어+was+수여 동사+ing+간접 목적어
+직접 목적어의 순서로 써요.

**표현
블럭**

was giving her a teddy bear 그녀에게 곰 인형을 주고 있었다

was sending him a love letter 그에게 연애 편지를 보내고 있었다

was telling him a true story 그에게 실화를 말해 주고 있었다

was lending me some money 나에게 돈을 빌려주고 있었다

**예문
체크**

I was giving her a teddy bear.
저는 그녀에게 곰 인형을 주고 있었어요.

She was sending him a love letter.
그녀는 그에게 연애 편지를 보내고 있었어요.

She was telling him a true story.
그녀는 그에게 실화를 말해 주고 있었어요.

새로운 단어 · **teddy bear** 몡 곰 인형 · **love** 몡 사랑 · **true** 혱 사실의, 진실의

문장을 읽으며 알맞은 단어에 동그라미 치세요.

❶ 지시(대명사 / 형용사)는 사람, 사물을 가리킬 때
   사용돼요.

❷ 지시(대명사 / 형용사)는 명사 앞에서 '이, 저'와 같은
   뜻으로 사용돼요.

❸ 'These cookies are delicious.'에서 These는
   지시(대명사 / 형용사)로 (가까이 / 멀리) 있는
   쿠키를 가리켜요.

❹ 'That is a beautiful painting.'에서 That은
   지시(대명사 / 형용사)로 (가까이 / 멀리) 있는
   그림을 가리켜요.

❶ 대명사 ❷ 형용사 ❸ 형용사, 가까이 ❹ 대명사, 멀리

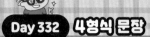

주어 + 수여 동사 과거형 + 간·목 + 직·목의 부정문

주어+did not(didn't)+동사 원형
+간접 목직어+직접 목직어로 써요.
'~는 ~에게 ~을 주지 않았다'를 뜻해요.

표현 블럭

didn't show him photo 그에게 그 사진을 보여 주지 않았다

didn't give them treats 그들에게 간식을 주지 않았다

didn't send me the roses 나에게 장미를 보내지 않았다

didn't make us some tea 우리에게 차를 만들어 주지 않았다

예문 체크

She didn't show him the photo.
그녀는 그에게 그 사진을 보여 주지 않았어요.

She didn't give them treats.
그녀는 그들에게 간식을 주지 않았어요.

He didn't send me the roses.
그는 내게 장미를 보내지 않았어요.

새로운 단어 •treat 몡 간식 •rose 몡 장미 •tea 몡 차

다음 우리말을 영어로 쓰세요.

❶ 이 사람

⇨ _____

❷ 저 사람들

⇨ _____

우리말을 보고 알맞은 단어를 고르세요.

❸ 저 사람들이 당신의 친구들인가요?

(Is / Are) (that / those) your
(friends / friend)?

다음 빈칸에 알맞은 단어를 써넣으세요.

❹ 여기로 와 주세요.

Please come (   ).

❺ 저기서 저를 기다려 줄 수 있어요?

Can you wait for me (   )?

주어 + 수여 동사 과거형 + 간·목 + 직·목

'~는 ~에게 ~를 주지 않았다' 등의 의미를
표현힐 때 주어+수여 동사 과거형
+간접 목적어+직접 목적어의 순서로 써요.

표현 블럭

bought me the new laptop　내게 새 노트북을 사 주었다

sent his friends the invitation　그의 친구들에게 초대장을 보냈다

asked them a question　그들에게 질문을 했다

told us a secret　우리에게 비밀을 말했다

예문 체크

My parents bought me the new laptop.
부모님은 나에게 새 노트북을 사 주었어요.

He sent his friends the invitation.
그는 그의 친구들에게 초대장을 보냈어요.

The coach asked them a question.
코치는 그들에게 질문을 했어요.

새로운 단어　·laptop 몡 노트북　·secret 몡 비밀　·coach 몡 코치

Day 029 대명사

단수 주격 대명사

단수 주격 대명사는 문장에서
단수 명사를 대신하여 '나는, 너는, 그(그녀)는'
등으로 해석되는 대명사예요. 1인칭 I,
2인칭 you, 3인칭 he/she/it으로 표현해요.

표현 블럭

I 나는

you 너는(당신은)

he/she/it 그는/그녀는/그것은

예문 체크

I am a teacher.
나는 선생님이에요.

You are my family.
당신은 나의 가족이에요.

She is an artist.
그녀는 예술가예요.

새로운 단어 ·teacher 몡 선생님 ·family 몡 가족 ·artist 몡 예술가

주어 + 수여 동사 현재 진행형 + 간·목 + 직·목의 부정문

be동사 다음에 not을 써서 '~는 ~에게 ~를 주는 중이 아니다'라는 문장을 만들어요.

표현 블럭

am not giving her any hints 그녀에게 어떤 힌트를 주고 있지 않다

is not sending him the email 그에게 이메일을 보내고 있지 않다

are not telling me the truth 나에게 사실을 말하고 있지 않다

예문 체크

I am not giving her any hints.
나는 그녀에게 어떠한 힌트도 주고 있지 않아요.

He is not sending them the email.
그는 그들에게 이메일을 보내고 있지 않아요.

You are not telling me the truth.
당신은 나에게 진실을 말하고 있지 않아요.

새로운 단어 ·any 형 어떤 ·hint 명 힌트 ·truth 명 사실

복수 주격 대명사

복수 주격 대명사는 문장에서
복수 명사를 대신하여 '우리는, 너희는, 그들은'
등으로 해석되는 대명사예요. 1인칭은 we,
2인칭은 you, 3인칭은 they로 표현해요.

**표현
블럭**

we 우리는

you 너희는

they 그들은

**예문
체크**

We are students.
우리는 학생들이에요.

You are his classmates.
너희는 그의 반 친구들이야.

They are playing soccer.
그들은 축구를 하고 있어요.

새로운 단어 ·student 몡 학생 ·classmate 몡 반 친구 ·play soccer 축구를 하다

빈칸에 알맞은 수여 동사를 넣어 문장을 완성해 보세요.

❶ 그들은 나에게 편지를 보낸다.

They ( ) me a letter.

❷ 그는 그녀에게 밧줄을 준다.

He ( ) her some ropes.

다음 문장을 제시어에 맞게 바꿔 보세요.

❸ They show me her room.

⇨ **부정형**

❹ He lends her a chair.

⇨ **부정형**

❺ He tells me a joke.

⇨ **진행형**

❶ send ❷ gives ❸ They don't(do not) show me her room.
❹ He doesn't(does not) lend her a chair. ❺ He is telling me a joke.

단수 목적격 대명사

단수 목적격 대명사는 '나를, 너를, 그(그녀)를'
등으로 해석되고, 1인칭은 me, 2인칭은 you,
3인칭은 him / her / it으로 표현해요.

표현 블럭

me 나를

you 너를(당신을)

him / her / it 그를 / 그녀를 / 그것을

예문 체크

I see you now.
나는 지금 당신을 봐요.

Can you help me?
당신이 나를 도울 수 있을까요?

I know him well.
나는 그를 잘 알아요.

새로운 단어 • now 분 지금 • help 동 돕다 • know 동 알다 • well 분 잘

다음 초성 힌트를 보고 빈칸에 들어갈 단어를 맞혀 보세요.

❶ ㅅ ㅇ 동사는 누군가에게 무엇인가를 주거나,
보여 주거나, 전해 주는 동작을 나타내는 동사예요.

❷ ㅅ ㅇ 동사를 사용한 문장도 ㅈ ㅎ 형으로
만들 수 있어요. 주어 + be동사 + 수여 동사 ~ing
+ 간접 목적어 + 직접 목적어로 구성하고, '~는 ~에게
~를 주는 중이다'라는 의미예요.

괄호 안의 알맞은 말에 O 표시하세요.

❸ 4형식 문장의 부정문을 만들 때, 주어가 3인칭
(단수 / 복수)일 경우 주어 + does not
+ 수여 동사 원형 + (직접 / 간접) 목적어
+ (직접 / 간접) 목적어를 사용해요.

❶ 수여 ❷ 수여, 진행 ❸ 단수, 간접, 직접

복수 목적격 대명사

복수 목적격 대명사는 '우리를, 너희를, 그들을'
등으로 해석되고, 1인칭은 us, 2인칭은 you,
3인칭은 them으로 표현해요.

**표현
블럭**

us 우리를

you 너희를

them 그들을

**예문
체크**

They invited us.
그들은 우리를 초대했어요.

We need you.
우리는 너희를 필요로 해.

Did you meet them yesterday?
당신은 어제 그들을 만났나요?

새로운 단어   •invite 동 초대하다 •meet 동 만나다 •yesterday 부 어제

Day 327 4형식 문장

주어 + 수여 동사 현재 진행형 + 간·목 + 직·목

주어+be동사+수여 동사+ing
+간접 복적어(~에게)+직접 목적어(~을/를)로
'~는 ~에게 ~를 주는 중이다'의 의미를 표현해요.

표현 블럭

is lending her a napkin 그녀에게 냅킨을 빌려주고 있다

is telling me a joke 나에게 농담을 하고 있다

are bringing me some soup 나에게 스프를 좀 가져다주고 있다

is telling him the order 그에게 주문을 말해 주고 있다

예문 체크

He is lending her a napkin.
그는 그녀에게 냅킨을 빌려주고 있어요.

He is telling me a joke.
그는 나에게 농담을 말해 주고 있어요.

They are bringing me some soup.
그들은 나에게 수프를 좀 가져다주고 있어요.

새로운 단어 ·napkin 명 냅킨 ·joke 명 농담 ·order 명 주문

단수 소유격 대명사

단수 소유격 대명사는 '나의, 너의, 그(그녀)의'
등으로 해석되고, 1인칭은 my, 2인칭은 your,
3인칭은 his / her / its으로 표현해요.

표현 블럭

my 나의

your 너의

his / her / its 그의 / 그녀의 / 그것의

예문 체크

This is my chair.
이것은 나의 의자예요.

Is this your book?
이것은 너의 책이니?

He reads his book.
그는 그의 책을 읽어요.

새로운 단어 • chair 명 의자 • book 명 책 • read 동 읽다

Day 326 4형식 문장

주어 + 수여 동사 현재형 + 간·목 + 직·목의 부정문 (3인칭 단수)

수여 동사 앞에 does not(doesn't)을 써서
부정문을 만들 수 있어요.

표현 블럭

doesn't lend her matches 그녀에게 성냥을 빌려주지 않는다

doesn't bring him coffee 그에게 커피를 가져다주지 않는다

doesn't give me a pillow 나에게 베개를 주지 않는다

doesn't show her the map 그녀에게 그 지도를 보여 주지 않는다

예문 체크

Mr. Kim doesn't lend her matches.
김 선생님은 그녀에게 성냥을 빌려주지 않아요.

She doesn't bring him coffee.
그녀는 그에게 커피를 가져다주지 않아요.

Tom doesn't give me a pillow.
톰은 나에게 베개를 주지 않아요.

새로운 단어 ·match 명 성냥 ·coffee 명 커피 ·pillow 명 베개

다음 초성 힌트를 보고 빈칸에 들어갈 단어를 맞혀 보세요.

❶ [ㅈ ㄱ] 대명사는 문장에서 명사를 대신하여 주어의
역할을 하는 대명사예요.

❷ [ㅁ ㅈ ㄱ] 대명사는 동사의 목적어로 사용하고,
동사의 행동을 받는 대상을 나타내요.

❸ 'my, your, his/her/its'는 [ㅅ ㅇ ㄱ] 대명사로,
이름처럼 특정 대상을 [ㅅ ㅇ] 한 누군가를 나타낼 때
써요.

다음 중 주격 대명사의 1인칭에만 ○ 표시하세요.

❹ | I | you | he | she | it | we | they |

다음 중 목적격 대명사에만 ○ 표시하세요.

❺ | them | her | your | he | me | we |

❶주격 ❷목적격 ❸소유격, 소유 ❹I, we ❺them, her, me

주어 + 수여 동사 현재형
+ 간·목 + 직·목
(3인칭 단수)

주어가 3인칭 단수일 때는 수여 동사 뒤에
반드시 −s, −es를 붙여요.

표현 블럭

brings him some soap 그에게 비누를 가져다준다

tells her a detailed plan 그녀에게 자세한 계획을 말해 준다

gives her some ropes 그녀에게 밧줄을 준다

sends him a flashlight 그에게 손전등을 보낸다

예문 체크

She brings him some soap.
그녀는 그에게 비누를 가져다줘요.

He tells her a detailed plan.
그는 그녀에게 자세한 계획을 말해 줘요.

He gives her some ropes.
그는 그녀에게 밧줄을 줘요.

새로운 단어 •soap 몡 비누 •detailed 혱 자세한 •rope 몡 밧줄

빈칸에 알맞은 단어를 써넣으세요.

❶ 주격 대명사의 단복수 2인칭과 목적격 대명사의

단복수 2인칭은 모두 (   )로 표현하지만 각각

'너는, 너희는, 너를, 너희를'로 한국어 뜻은 달라요.

알맞은 단어에 ○ 표시하세요.

❷ I know (he / him / his) well.

❸ (You / Your) are (he / him / his) friend.

다음 중 우리말 의미와 맞는 것에 ○ 표시하세요.

❹ 그것의 (its / it's)

Day 324 **4형식 문장**

주어+수여 동사 현재형 +간·목+직·목의 부정문

주어+do not(don't)+수여 동사+간접 목적어(~에게)
+직접 목적어(~을/~를)의 형태로 '~는 ~에게
~을 주지 않는다' 등의 문장을 만들어요.

**표현
블럭**

don't tell him the plan 그에게 계획을 말하지 않는다

don't bring her a flower 그녀에게 꽃을 가져오지 않는다

don't give him a ride 그를 태워 주지 않는다

don't show them the results 그들에게 결과를 보여 주지 않는다

**예문
체크**

You don't tell him the plan.
당신은 그에게 계획을 말하지 않아요.

They don't bring her a flower.
그들은 그녀에게 꽃을 가져오지 않아요.

I don't give him a ride.
나는 그를 태워 주지 않아요.

새로운 단어 • plan 명 계획 • give~a ride ~를 태워 주다 • result 명 결과

복수 소유격 대명사

복수 소유격 대명사는 '우리의, 너희의, 그들의'
등으로 해석되고, 1인칭은 our, 2인칭은 your,
3인칭은 their로 표현해요.

표현 블럭

our 우리의

your 너희의

their 그들의

예문 체크

This is our house.
이것은 우리의 집이에요.

Is this your computer?
이것은 너희의 컴퓨터니?

This is their new car.
이것은 그들의 새 차예요.

새로운 단어 ・house 명 집 ・computer 명 컴퓨터 ・new 형 새로운

주어 + 수여 동사 현재형 + 간·목 + 직·목

'~는 ~에게 ~을 준다'라는 문장을 4형식이라고
해요. 이때 쓰이는 동사는 수여 동사예요.
주어+수여 동사 현재형+간접 목적어(~에게)
+직접 목적어(~을)의 순서로 문장을 만들어요.

표현 블럭

give him a pencil case 그에게 필통을 주다

show me her book 나에게 그녀의 책을 보여 주다

send me the album 나에게 그 앨범을 보내 주다

show us the map 우리에게 지도를 보여 주다

예문 체크

I give him a pencil case.
나는 그에게 필통을 줘요.

She shows me her book.
그녀는 나에게 그녀의 책을 보여 줘요.

They send me the album.
그들은 나에게 그 앨범을 보내 줘요.

새로운 단어 ·pencil case 필통 ·album 몡 앨범 ·map 몡 지도

Day 037 대명사

'~의 것'으로 해석되는 단수 소유 대명사

단수 소유 대명사는 한 사람이 가진 것을
나타내며, '나의 것(mine)', '너의 것(yours)',
'그의 것(his)', '그녀의 것(hers)'이 있어요.

표현 블럭

mine 나의 것

yours 너의 것

his/hers 그의 것/그녀의 것

예문 체크

This guitar is mine.
이 기타는 나의 것이에요.

That eraser is his.
저 지우개는 그의 것이에요.

This hat is hers.
이 모자는 그녀의 것이에요.

새로운 단어 ·guitar 명 기타 ·eraser 명 지우개 ·hat 명 모자

Day 322 혼공 퀴즈 2

괄호 안의 단어를 알맞게 변형하여 문장을 완성하세요.

❶ 우리는 지난 주말에 가구를 배치했습니다. (arrange)

We (   ) the furniture last weekend.

❷ 의사가 병원에서 치트를 읽어요. (read)

The doctor (   ) a chart in the clinic.

❸ 내 삼촌은 가방을 차 밖으로 꺼냈어요. (move)

My uncle (   ) the bags out of the car.

알맞은 단어에 ○ 표시하세요.

❹ 그는 점심 후에 이메일을 보냈어요.

He sent an email

(after lunch / at noon).

❺ 그녀는 어젯밤에 문서를 출력했어요.

She printed documents

(before lunch / last night).

❶ arranged ❷ reads ❸ moved ❹ after lunch ❺ last night

'~의 것'으로 해석되는 복수 소유 대명사

복수 소유 대명사는 여러 사람이 가진 것을
뜻하는 말로, '우리의 것(ours)', '너희의 것(yours)',
'그들의 것(theirs)'이 있어요.

**표현
블럭**

ours 우리의 것

yours 너희의 것

theirs 그들의 것

**예문
체크**

This notebook is ours.
이 공책은 우리의 것이에요.

These shoes are yours.
이 신발들은 너희의 것이야.

The food is theirs.
그 음식은 그들의 것이에요.

새로운 단어 •notebook 명 공책 •shoes 명 신발 •food 명 음식

다음 초성 힌트를 보고 빈칸에 들어갈 단어를 맞혀 보세요.

❶ ㄱ ㄱ 에 일어난 일을 말할 때 주어+일반 동사의
ㄱ ㄱ 형+목적어+시간을 나타내는 전치사구 순서로
문장을 만들어요.

❷ 어떤 장소에서 일어나는 일을 말할 때 주어+일반 동사
+목적어+ ㅈ ㅅ 를 나타내는 장소 전치사구 순서로
문장을 만들어요.

❸ 어디에서 일어났던 일을 말할 때 주어+일반 동사의
+ ㅁ ㅈ ㅇ +위치 전치사구의 순서로 문장을
만들어요.

❹ 주어가 행동하고 그 동작이 목적어와 관련된 특정 방향이나
위치로의 움직임을 설명할 때 주어+일반 동사+목적어
+ ㅇ ㅈ ㅇ 전치사구 구조를 사용해요.

❺ ㅅ ㄱ 을 나타내는 표현은 현재, 과거, 미래 시제에
모두 쓸 수 있어요.

시간을 나타내는 it

비인칭 대명사 it은
시간을 나타낼 때 쓸 수 있어요.

**표현
블럭**

7 o'clock. 7시

7:30 7시 30분

quarter past 7 7시 15분

half past 7 7시 30분

**예문
체크**

It is 7 o'clock.
7시예요.

It is 7:30. (seven-thirty)
7시 30분이에요.

It's half past 7.
7시 30분이에요.

새로운 단어 · o'clock (부) ~시 · quarter (명) 1/4, 15분 · past (형) 지나간
· half (명) 반, 반 시간(30분)

Day 320 **3형식 문장**

주어 + 일반 동사 + 목적어 +시간을 나타내는 표현

시간을 나타내는 표현은 현재, 과거, 미래
시제에 모두 쓸 수 있어요.

표현 블럭

now 지금

yesterday 어제

next year 내년에

last night 어젯밤에

예문 체크

I'm printing it now.
나는 그것을 지금 출력하는 중이에요.

Did you send a message yesterday?
당신은 어제 메시지를 보냈나요?

My boss will complete it next year.
내 상사는 그것을 내년에 완료할 거예요.

새로운 단어 ·print 동 출력하다 ·message 명 메시지 ·complete 동 완료하다

 **Day 040** it의 쓰임

날짜를 나타내는 it

비인칭 대명사 it은
날짜를 나타낼 때 쓸 수 있어요.

표현 블럭

June 1st 6월 1일
March 2nd 3월 2일
September 7th 9월 7일

예문 체크

It is June 1st.
6월 1일이에요.

It is March 2nd.
3월 2일이에요.

It is September 7th.
9월 7일이에요.

새로운 단어 · June 명 6월 · March 명 3월 · September 명 9월

주어 + 일반 동사 + 목적어 + 움직임 전치사구

'~가 (어디)로 ~하다'를 말할 때,
주어+일반 동사+복적어+움직임 전치사구의
순서로 써요.

표현 블럭

into the sky 하늘로
over the table 테이블 위로
out of the car 차 밖으로
up the ladder 사다리 위로

예문 체크

The birds flew into the sky.
새들이 하늘로 날아갔어요.

The boy tossed the bread over the table.
소년이 빵을 테이블 위로 던졌어요.

My uncle moved the bags out of the car.
내 삼촌은 가방을 차 밖으로 꺼냈어요.

새로운 단어 ·sky 몡 하늘 ·flew(fly의 과거형) 동 날았다 ·toss 동 던지다

다음 초성 힌트를 보고 빈칸에 들어갈 단어를 맞혀 보세요.

❶ 복수 ㅅ ㅇ ㄱ ㄷ ㅁ ㅅ 는 '우리의(our)',
'너희의(your)', '그들의(their)'와 같은 단어들이 있어요.

┄┄┄┄┄┄┄┄┄┄┄┄┄┄┄┄┄┄┄┄┄┄┄┄┄┄┄┄┄┄┄┄┄

❷ 단수 소유 대명사는 ㅎ 사람이 가진 것을 나타내는
말로, 'ㄴ ㅇ 것(mine)', 'ㄴ ㅇ 것(yours)',
'ㄱ ㅇ 것(his)', 'ㄱ ㄴ ㅇ 것(hers)'이 있어요.

알맞은 단어에 ○ 표시하세요.

❸ Our는 (단수 / 복수) (주격 / 목적격 / 소유격)
대명사예요.

다음 문장의 해석이 맞으면 ○, 틀리면 × 표시하세요.

❹ It is 7 o'clock.
그것은 7시예요. (○ / ×)

Day 318 **3형식 문장**

주어 + 일반 동사 + 목적어 + 위치 전치사구

어떤 위치에서 일어나는 일을 말할 때,
주어+일반 동사+목적어+위치 전치사구의
순서로 문장을 만들어요.

표현 블럭

on the water 물 위에서

on the pool deck 수영장 데크 위에서

from the diving board 다이빙대에서

by the pool 수영장 옆에서

예문 체크

The girl floats on the water.
소녀가 물 위에 떠 있어요.

The girl stands on the pool deck.
소녀가 수영장 데크 위에 서 있어요.

The boy dives from the diving board.
소년이 다이빙대에서 다이빙해요.

새로운 단어 ·**deck** 명 데크 ·**board** 명 보드, 나무 판자 ·**dive** 동 다이빙하다

**영어 단어는 한국어 뜻을,
한국어 표현에는 영어 단어를 써넣으세요.**

❶ 그의 것 (   )

❷ 그녀의 것 (   )

❸ Theirs (   )

알맞은 단어에 ○ 표시하세요.

❹ 이것은 우리의 집이에요.
This is (our / ours) house.

❺ 이 모자는 그녀의 것이에요.
This hat is (her / hers).

다음 빈칸에 공통으로 들어갈 단어를 쓰세요.

❻ (   ) is half past 7.
  (   ) is June 1ˢᵗ.

❶ his ❷ hers ❸ 그들의 것 ❹ our ❺ hers ❻ It

Day 317 3형식 문장

주어 + 일반 동사 + 목적어 + 장소 전치사구

어떤 장소에서 일어나는 일을 말할 때,
주어+일반 동사+목적어+장소 선치사구의
순서로 문장을 만들어요.

표현 블럭

in the office 사무실에서

in the waiting room 대기실에서

in the clinic 병원에서

in the art room 미술실에서

예문 체크

My boss writes a note in the office.
내 상사가 사무실에서 메모를 써요.

The child rests in the waiting room.
아이가 대기실에서 쉬어요.

The doctor reads a chart in the clinic.
의사가 병원에서 차트를 읽어요.

새로운 단어 •clinic 명 병원 •boss 명 상사 •note 명 메모 •waiting room 대기실

요일을 나타내는 it

비인칭 대명사 it은
요일을 나타낼 때 쓸 수 있어요.

표현 블럭

Monday 월요일

Tuesday 화요일

Wednesday 수요일

Thursday 목요일

예문 체크

It is Monday finally.
마침내 월요일이에요.

It is Tuesday already.
오늘은 벌써 화요일이에요.

It is an exciting Wednesday.
신나는 수요일이에요.

새로운 단어 · finally (부) 마침내 · already (부) 벌써 · exciting (형) 신나는

Day 316 **3형식 문장**

주어 + 일반 동사 과거형
+ 목적어 + 시간 전치사구

과거의 특정 시간에 일어난 일을 나타낼 때,
주어+일반 동사(과거형)+목적어+시간 전치사구의
순서로 문장을 만들어요.

**표현
블럭**

after school 방과 후에

before lunch 점심 전에

in January 1월에

on my birthday 내 생일에

**예문
체크**

I organized my desk after school.
나는 방과 후에 내 책상을 정리했어요.

She sent the email before lunch.
그녀는 점심 전에 이메일을 보냈어요.

We arranged the furniture in January.
우리는 1월에 가구를 배치했어요.

새로운 단어 ·**organize** 통 정리하다 ·**arrange** 통 배치하다 ·**furniture** 명 가구

계절을 나타내는 it

비인칭 대명사 it은
계절을 나타낼 때 쓸 수 있어요.

표현 블럭

spring 봄

summer 여름

fall 가을

winter 겨울

예문 체크

It is spring at last.
마침내 봄이에요.

It is summer soon.
곧 여름이에요.

It is fall in September.
9월은 가을이에요.

새로운 단어 •at last ㉿ 마침내 •soon ㉿ 곧 •summer ㉐ 여름

괄호 안의 단어를 활용하여 문장을 완성하세요.
괄호 안의 단어는 변형 가능해요.

❶ 그 학생들은 교과서를 읽고 있었어요. (read, are)

The students (　　　) (　　　) their textbooks.

❷ 그들은 식탁을 차리고 있지 않았다. (not, are, set)

They (　　　) (　　　) (　　　) the table.

❸ 저는 책을 읽을 거예요. (read, will)

I (　　　) (　　　) a book.

❹ 그들은 박물관을 방문하지 않을 거예요. (not, will, visit)

They (　　　) (　　　) (　　　) a museum.

❺ 저는 그 책을 빠르게 읽었어요. (read, quickly)

I (　　　) the book (　　　)

❶ were, reading ❷ were, not, setting
❸ will, read ❹ will, not, visit ❺ read, quickly

날씨를 나타내는 it

비인칭 대명사 it은
날씨를 나타낼 때 쓸 수 있어요.

표현 블럭

sunny 화창한

rainy 비오는

cloudy 흐린

snowy 눈이 오는

예문 체크

It is sunny this week.
이번 주는 날씨가 화창해요

It is rainy these days.
요즘 비가 와요.

It is snowy in winter.
겨울에는 눈이 와요.

새로운 단어 ·week 명 주 ·these days 요즘 ·winter 명 겨울

다음 초성 힌트를 보고 빈칸에 들어갈 단어를 맞혀 보세요.

❶ ㄱ ㄱ 에 복수 주어가 어떤 행동을 하고 있었음을
나타낼 때 주어 + were + 동사 + ing + ㅁ ㅈ ㅇ
형태를 사용해요.

⸱ ⸱

❷ 주어가 ㅁ ㄹ 에 어떤 대상에 대한 동작을 할 것이라는
의미를 표현할 때 주어 + will + ㄷ ㅅ ㅇ ㅎ
+ ㅁ ㅈ ㅇ 의 형태를 사용해요.

⸱ ⸱

❸ 주어가 어떤 행동을 할 때 그 행동을 언제, 어디서,
어떻게, 혹은 얼마나 자주 하는지를 ㅅ ㅁ 하기 위해
주어 + 일반 동사 + 목적어 + ㅂ ㅅ 의 구조를 사용해요.

명암을 나타내는 it

비인칭 대명사 it은 날이 밝고 어두운
정도(명암)를 나타낼 때 쓸 수 있어요.

**표현
블럭**

bright 밝은
dark 어두운
dim 어둑한

**예문
체크**

It is bright outside.
밖은 밝아요.

It is dark at night.
밤에는 어두워요.

It is dim in the hallway.
복도가 어두워요.

새로운 단어 ・outside 명 밖에서 ・night 명 밤 ・hallway 명 복도

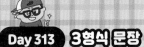

주어 + 일반 동사 + 목적어 + 부사

주어가 어떤 행동을 할 때, 그 행동을 언제, 어디서, 어떻게, 혹은 얼마나 자주 하는지를 설명하기 위해 주어+일반 동사+목적어+부사의 순서로 써요.

표현 블럭

quickly 빠르게

successfully 성공적으로

passionately 열정적으로

proudly 자랑스럽게

예문 체크

I read the thick book quickly.
저는 그 두꺼운 책을 빠르게 읽어요.

They finished the project successfully.
그들은 그 프로젝트를 성공적으로 끝냈어요.

She sings the song passionately.
그녀는 그 노래를 열정적으로 불러요.

새로운 단어 •successfully 🖣 성공적으로 •passionately 🖣 열정적으로
•proudly 🖣 자랑스럽게 •thick 🗟 두꺼운

상황을 나타내는 it

비인칭대명사 it은
상황을 나타낼 때도 쓸 수 있어요.

표현 블럭

your turn 너의 차례

time to go to bed 잘 시간

a lovely day 아름다운 날

예문 체크

Hurry! It is your turn.
서둘러! 너의 차례야.

It is time to go to bed.
잘 시간이에요.

It is a lovely day.
아름다운 날이에요.

새로운 단어 ・hurry 동 서두르다 ・go to bed 자러 가다
・lovely 형 사랑스러운, 아름다운

주어 + 일반 동사 미래형 + 목적어의 부정문

주어가 미래에 어떤 대상에 대한 동작을 하지
않을 것임을 표현할 때, 주어+will not(won't)
+동사 원형+목적어의 순서로 써요.

표현 블럭

won't cook a meal 식사를 요리하지 않을 것이다

won't visit a museum 박물관을 방문하지 않을 것이다

won't decorate the room 방을 장식하지 않을 것이다

won't memorize the words 단어들을 외우지 않을 것이다

예문 체크

She will not cook a meal.
그녀는 식사를 요리하지 않을 거예요.

They will not visit a museum.
그들은 박물관을 방문하지 않을 거예요.

I will not decorate the room.
나는 방을 장식하지 않을 거예요.

새로운 단어 ·meal 몡 식사 ·decorate 통 장식하다 ·memorize 통 외우다

다음 초성 힌트를 보고 빈칸에 들어갈 단어를 맞혀 보세요.

❶ 비인칭 대명사 it은 ㅇ ㅇ 을 나타낼 때 쓸 수 있어요.

────────────────────────────────

❷ 비인칭 대명사 it은 ㄱ ㅈ 을 나타낼 때 쓸 수 있어요.

────────────────────────────────

❸ 비인칭 대명사 it은 ㄴ ㅆ 를 나타낼 때 쓸 수 있어요.

────────────────────────────────

❹ 비인칭 대명사 it은 날이 ㅂ ㄱ , ㅇ ㄷ ㅇ 정도를 나타낼 때 쓸 수 있어요.

주어 + 일반 동사 미래형 + 목적어

주어가 미래에 어떤 대상에 대한 동작을
할 것이라는 의미를 표현할 때,
주어+will+동사 원형+목적어로 써요.

표현 블럭

will repair the roof 지붕을 수리할 것이다

will send the package 소포를 보낼 것이다

will prepare lunch 점심을 준비할 것이다

will finish the project 그 프로젝트를 끝낼 것이다

예문 체크

The workers will repair the roof.
일꾼들이 지붕을 수리할 거예요.

They will send the package.
그들은 소포를 보낼 거예요.

My brother and I will prepare lunch.
내 동생과 나는 점심을 준비할 거예요.

새로운 단어 •repair ⑧ 수리하다 •roof ⑲ 지붕 •package ⑲ 소포

Day 049 혼공 퀴즈 2

다음 중 우리말 의미와 맞는 단어에 ○ 표시하세요.

❶ 오늘은 목요일이에요.

It is (Tuesday / Thursday).

❷ 지금은 여름이에요.

It is (spring / summer).

❸ 날씨가 흐려요.

It is (cloudy / sunny).

❹ 어두워요.

It is (bright / dark).

다음 우리말을 영어로 쓰세요.

❺ 너의 차례야.

⇨

❶ Thursday ❷ summer ❸ cloudy ❹ dark ❺ It is your turn.

주어 + 일반 동사 과거 진행형 + 목적어의 부정문(복수 주어)

복수 주어+were not(weren't)+동사+ing
+목적어의 순서로 써요.

표현 블럭

weren't learning a new language 새 언어를 배우고 있지 않았다

weren't setting the table 식탁을 차리고 있지 않았다

weren't packing his suitcase 그의 가방을 싸고 있지 않았다

weren't reading the newspaper 신문을 읽고 있지 않았다

예문 체크

The students were not learning a new language.
그 학생들은 새 언어를 배우고 있지 않았어요.

They were not setting the table.
그들은 식탁을 차리고 있지 않았어요.

The boys were not packing his suitcase.
그 소년들은 그의 가방을 싸고 있지 않았어요.

새로운 단어 ·learn 동 배우다 ·language 명 언어 ·suitcase 명 (여행)가방

주어 + 일반 동사 과거 진행형 + 목적어 (복수 주어)

'~들은 ~를 하고 있었다'라는 문장을 만들 때,
복수 주어+were+동사+ing+목적어의
순서로 써요.

표현 블럭

were reading their textbooks 그들의 교과서를 읽고 있었다

were discussing the project 그 프로젝트를 토론하고 있었다

were building a nest 둥지를 짓고 있었다

were making a model airplane 모형 비행기를 만들고 있었다

예문 체크

The students were reading their textbooks.
그 학생들은 교과서를 읽고 있었어요.

We were discussing the project.
우리는 그 프로젝트에 대해 토론하고 있었어요.

The birds were building a nest.
그 새들은 둥지를 짓고 있었어요.

새로운 단어 · discuss 동 토론하다 · nest 명 둥지 · model 명 모형

be동사 am

주어 뒤에 be동사를 붙이면 '~이다, ~하다'처럼
주어의 성질이나 상태를 나타낼 수 있어요.
주어가 1인칭 단수(I)일 때 be동사 am을 사용해요.

**표현
블럭**

am a doctor 의사이다

am kind 친절하다

am 7 years old 일곱 살이다

am in the third grade 3학년이다

**예문
체크**

I am a doctor.
저는 의사예요.

I am kind.
저는 친절해요.

I am in the third grade.
저는 3학년이에요.

새로운 단어 •doctor 명 의사 •kind 형 친절한 •third 형 세 번째의 •grade 명 학년

괄호 안의 단어를 활용하여 문장을 완성하세요.

❶ 그 개는 공을 쫓고 있지 않아요. (be, not, chase)

The dog (   ) (   ) (   ) the ball.

❷ 저는 실수를 했어요. (make)

I (   ) a mistake.

❸ 그들은 영어를 공부하지 않았어요. (do, not, study)

They (   ) (   ) (   ) English.

❹ 아기는 그 장난감을 잡고 있었어요. (be, grab)

The baby (   ) (   ) the toy.

❺ 그 개는 구멍을 파고 있지 않았어요. (be, not, dig)

The dog (   ) (   ) (   ) a hole.

❶ is, not, chasing ❷ made
❸ did, not, study ❹ was, grabbing ❺ was, not, digging

be동사 are

주어가 2인칭(you),
1인칭/3인칭 복수(we/they)일 때,
뒤에 be동사 are를 붙여요.

표현 블럭

You are ~ 당신은(너는) ~이다
We are ~ 우리는 ~이다
They are ~ 그들은 ~이다

예문 체크

You are a singer.
당신은 가수예요.

We are busy.
우리는 바빠요.

They are perfect.
그들은 완벽해요.

새로운 단어 ・singer 몡 가수 ・busy 혱 바쁜 ・perfect 혱 완벽한

다음 초성 힌트를 보고 빈칸에 들어갈 단어를 맞혀 보세요.

❶ '~가 ~을 하고 있지 않았다'라고 말할 때

주어 + be동사 (am / is / are) + not + 동사 + ing

+ | ㅁ | ㅈ | ㅇ | 구조를 사용해요.

❷ '~가 ~을 했다'라고 말할 때 주어 + 일반 동사의

| ㄱ | ㄱ | 형 + | ㅁ | ㅈ | ㅇ | 구조를 사용해요.

❸ | ㄷ | ㅅ | 주어가 | ㄱ | ㄱ | 에 어떤 행동을 계속

하고 있었음을 표현할 때 I / She / He / It was

+ 동사 + ing + 목적어의 순서로 써요.

❹ | ㄷ | ㅅ | 주어가 | ㄱ | ㄱ | 에 어떤 행동을 계속하지

| ㅇ | ㅇ | ㅇ | 을 나타낼 때 주어 + was not (wasn't)

+ 동사 + ing + 목적어의 순서로 써요.

❶ 목적어 ❷ 과거, 목적어 ❸ 단수, 과거 ❺ 단수, 과거, 않았음

 **Day 052** be 동사

be동사 is

주어가 3인칭 단수(he / she / it)일 때,
뒤에 be동사 is를 붙여요.

 표현 블럭

He is ~ 그는 ~이다
She is ~ 그녀는 ~이다
It is ~ 그것은 ~이다

 예문 체크

He is a designer.
그는 디자이너예요.

She is in fifth grade.
그녀는 5학년이에요.

It is easy.
그것은 쉬워요.

새로운 단어 • designer 명 디자이너 • fifth 형 다섯 번째의 • easy 형 쉬운

Day 306 3형식 문장

주어 + 일반 동사 과거 진행형 + 목적어의 부정문(단수 주어)

단수 주어가 과거에 어떤 행동을 계속하고
있지 않았음을 표현할 때, 주어+was not(wasn't)
+동사+ing+목적어의 순서로 써요.
'~는 ~를 하고 있지 않았다'라고 해석해요.

표현 블럭

wasn't knitting the sweater 스웨터를 뜨고 있지 않았다

wasn't treating him 그를 치료하고 있지 않았다

weren't painting the wall 벽을 칠하고 있지 않았다

wasn't making a phone call 전화를 걸고 있지 않았다

예문 체크

She wasn't knitting the sweater.
그녀는 스웨터를 뜨고 있지 않았어요.

The doctor wasn't treating him.
의사는 그를 치료하고 있지 않았어요.

We weren't painting the wall.
우리는 벽을 칠하고 있지 않았어요.

새로운 단어 ·knit 동 뜨다, 뜨개질을 하다 ·sweater 명 스웨터 ·treat 동 치료하다

Day 053 be동사

be동사 현재 부정문

주어 뒤에 be동사와 not을 붙이면
be동사의 부정문이 되고, '~이 아니다',
'~는(은) 없다'를 의미해요. 이때 is not은 isn't로,
are not은 aren't로 줄여서 쓸 수 있어요.

표현 블럭

I am not~ 나는 ~이 아니다
He / She is not(isn't) ~ 그(그녀)는 ~이 아니다
They are not(aren't) ~ 그들은 ~이 아니다

예문 체크

I am not sleepy.
저는 졸리지 않아요.

She isn't in the room.
그녀는 방에 없어요.

They aren't Koreans.
그들은 한국인이 아니에요.

새로운 단어 · sleepy 형 졸린 · room 명 방 · Korean 명 한국인

Day 305 **3형식 문장**

주어 + 일반 동사 과거 진행형 + 목적어 (단수 주어)

단수 주어가 과거에 어떤 행동을 계속 하고 있었음을 표현할 때, 주어+was+동사+ing+목적어의 순서로 써요. '~는 ~를 하고 있었다'라고 해석해요.

표현 블럭

was chasing a tiny mouse 작은 쥐를 쫓고 있었다

was solving a problem 문제를 풀고 있었다

was digging a hole 구덩이를 파고 있었다

was grabbing the toy 장난감을 잡고 있었다

예문 체크

The cat was chasing a tiny mouse.
그 고양이는 작은 쥐를 쫓고 있었어요.

The student was solving a problem.
그 학생은 문제를 풀고 있었어요.

The dog was digging a hole.
그 개는 구멍을 파고 있었어요.

새로운 단어 ·**tiny** 형 (아주) 작은 ·**dig** 동 파다 ·**grab** 동 붙잡다

be동사 현재 의문문

의문문을 만들 때 be동사 뒤에 주어를 붙이고,
'~는 ~인가?'로 해석해요.

**표현
블럭**

Am I ~? 나는 ~인가?

Is he / she ~? 그(그녀)는 ~인가?

Is it ~? 이것은 ~인가?

Are you ~? 당신은 ~인가?

**예문
체크**

Am I right?
제 말이 맞나요?

Is it expensive?
이거 비싼가요?

Are you a dancer?
당신은 춤꾼인가요?

새로운 단어 • right 형 옳은 • expensive 형 비싼 • dancer 명 춤꾼

주어 + 일반 동사 과거형 + 목적어의 부정문

'~가 ~을 하지 않았다'라고 말할 때,
주어 ǀ did not(didn't)＋동사 원형
＋목적어의 순서로 써요.

표현 블럭

didn't celebrate her birthday 그녀의 생일을 축하하지 않았다

didn't cook dinner 저녁을 요리하지 않았다

didn't receive an invitation 초대를 받지 않았다

didn't draw pictures 그림을 그리지 않았다

예문 체크

Her friends didn't celebrate her birthday.
그녀의 친구들은 그녀의 생일을 축하하지 않았어요.

Sarah didn't cook dinner.
사라는 저녁을 요리하지 않았어요.

I didn't receive an invitation.
나는 초대를 받지 않았어요.

새로운 단어 ·celebrate ⑧ 기념하다 ·receive ⑧ 받다 ·invitation ⑲ 초대

다음 초성 힌트를 보고 빈칸에 들어갈 단어를 맞혀 보세요.

❶ 주어의 ㅅ ㅈ 이나 ㅅ ㅌ 를 나타낼 때 주어 뒤에 be동사를 붙여요.

❷ 주어 뒤에 be동사 + not을 붙이면 be동사의 ㅂ ㅈ ㅁ 이 되고, '~이 ㅇ ㄴ ㄷ', '~는(은) ㅇ ㄷ'를 의미해요.

❸ ㅇ ㅁ ㅁ 을 만들 때, be동사 뒤에 주어를 붙여요.

주어 + 일반 동사 과거형 + 목적어

'~가 ~을 했다'라고 말할 때,
주어+일반 동사 과거형+목적어의
순서로 써요.

표현 블럭

explained the lesson 수업을 설명했다

sold your car 너의 차를 팔았다

made a mistake 실수를 했다

took a nap 낮잠을 잤다

예문 체크

The teacher explained the lesson.
선생님은 수업을 설명했어요.

You sold your car.
너는 너의 차를 팔았어요.

I made a mistake.
저는 실수를 했어요.

새로운 단어 ·lesson 몡 수업 ·sold(sell의 과거형) 동 팔았다 ·mistake 몡 실수

Day 056 혼공 퀴즈 2

다음 중 올바른 be동사에 ○ 표시하세요.

❶ 저는 열 살이에요.

I (am / are / is) 10 years old.

❷ 우리는 바빠요.

We (am / are / is) busy.

❸ 그는 디자이너예요.

He (am / are / is) a designer.

다음 문장을 제시어에 맞게 바꿔 보세요.

❹ are not

⇨ 줄이기

❺ She is in the room.

⇨ 부정문

주어 + 일반 동사 현재 진행형 + 목적어의 부정문

'~가 ~을 하고 있지 않다'라고 말할 때,
진행형의 be동사 다음에 not을 써요.

표현 블럭

am not chasing the ball 공을 쫓고 있지 않다

are not drawing a picture 그림을 그리고 있지 않다

is not fixing the broken car 고장 난 차를 고치고 있지 않다

is not mopping the floor 바닥을 닦고 있지 않다

예문 체크

The dog is not chasing the ball.
그 개는 공을 쫓고 있지 않아요.

She is not drawing a picture.
그녀는 그림을 그리고 있지 않아요.

He is not fixing the broken car.
그는 고장 난 차를 고치고 있지 않아요.

새로운 단어 •**fix** 동 고치다 •**broken** 형 고장 난 •**mop** 동 (대걸레로) 닦다

Day 057 **be 동사**

be동사 am의 과거형

1인칭 단수(I) 뒤에
be동사 am의 과거형 was를 붙여요.
'~는 ~이었다, ~했다, ~ 있었다'라고 해석해요.

**표현
블럭**

was tired 피곤했다

was at the park 공원에 있었다

was late 지각했다

**예문
체크**

I was tired yesterday.
나는 어제 피곤했어요.

I was at the park.
나는 공원에 있었어요.

I was late.
나는 지각했어요.

새로운 단어 ·tired ⑱ 피곤한 ·park ⑲ 공원 ·late ⑱ 늦은

괄호 안의 단어를 알맞게 활용하여 영작하세요.

❶ 개들은 고양이를 쫓아요. (the dogs, the cat, chase)

⇨

❷ 당신은 쿠키를 굽지 않아요. (don't, bake, cookies, you)

⇨

❸ 그 개는 뼈를 찾아요. (the dog, a bone, finds)

⇨

❹ 그는 전화를 받지 않아요. (he, do, the phone, answer, not)

⇨

❺ 나는 신발 끈을 매고 있어요. (be, my, shoelaces, I, tie)

⇨

❶ The dogs chase the cat. ❷ You don't bake cookies. ❸ The dog finds a bone.
❹ He does not anwer the phone. ❺ I am tying my shoelaces.

be동사 are의 과거형

주어가 2인칭(you),

1인칭 / 3인칭 복수(we / they)일 때,

주어 뒤에 be동사 are의 과거형 were를 붙여요.

표현 블럭

You were ~   너는(당신은) ~이었다

We were ~   우리는 ~이었다

They were ~   그들은 ~이었다

예문 체크

You were angry.
당신은 화가 났어요.

We were upset.
우리는 속상했어요.

They were actors.
그들은 배우들이었어요.

새로운 단어 ·**angry** 형 화가 난 ·**upset** 형 속상한 ·**actor** 명 배우

다음 초성 힌트를 보고 빈칸에 들어갈 단어를 맞혀 보세요.

❶ 3형식 문장은 I / We / You / They + ㅇ ㅂ 동사
   + ㅁ ㅈ ㅇ 의 순서로 문장을 만들고, '~가 ~을
   ~하다'라고 해석해요.

❷ '~가 ~을 하지 않다'라는 ㅂ ㅈ ㅁ 은 주어
   + do not (don't) + ㅇ ㅂ 동사 + ㅁ ㅈ ㅇ 로
   표현해요.

❸ 3형식 문장의 3인칭 ㄷ ㅅ 주어가 행동을 하고,
   그 행동이 목적어에 영향을 미치는 경우에 He / She / It /
   ㄷ ㅅ 주어 + ㅇ ㅂ 동사 (e, es) + 목적어의 순서로
   문장을 만들어요. '~가 ~을 ~하다'라고 해석해요.

❹ 3형식 문장의 ㅎ ㅈ ㅈ ㅎ ㅎ 은 '~가
   ~하고 있다'라고 해석하고, 주어 + be동사 (am / is / are)
   + 동사 + ing + 목적어의 순서로 표현해요.

❶ 일반, 목적어 ❷ 부정문, 일반, 목적어 ❸ 단수, 단수, 일반 ❹ 현재 진행형

be동사 is의
과거형

주어가 3인칭 단수(he / she / it)일 때,
뒤에 be동사 is의 과거형 was를 붙여요.

 **표현
블럭**

He was~ 그는 ~이었다 / ~있었다

She was~ 그녀는 ~이었다 / ~있었다

It was~ 그것은 ~이었다 / ~있었다

 **예문
체크**

He was at school.
그는 학교에 있었어요.

She was surprised.
그녀는 놀랐어요.

It was sunny.
그날은 화창했어요.

새로운 단어 ·school 몡 학교 ·surprised 혱 놀란 ·sunny 혱 화창한

Day 299 3형식 문장

주어 + 일반 동사
현재 진행형 + 목적어

주어+be동사+동사+ing+목적어의 순서이고,
지금 '~가 ~하고 있다'라고 해석해요.

표현 블럭

is building a sandcastle 모래성을 만들고 있다

is watering the plants 식물에 물을 주고 있다

is tying his tie 그의 넥타이를 매고 있다

is making lemonade 레모네이드를 만들고 있다

예문 체크

She is building a sandcastle.
그녀는 모래성을 쌓고 있어요.

The farmer is watering the plants.
그 농부는 식물에 물을 주고 있어요.

My dad is tying his tie.
내 아빠는 그의 넥타이를 매고 있어요.

새로운 단어 • water ⑧ 물을 주다 • tie ⑲ 넥타이 • lemonade ⑲ 레모네이드
• farmer ⑲ 농부

 **Day 060** be동사

be동사 과거 부정문

주어 뒤에 was not(wasn't)과 were not(weren't)을
붙이면 be동사의 과거 부정문이 되고,
'~는 ~가 아니었다,
~는 ~에 없었다'를 의미해요.

표현 블럭

was not(wasn't) ~없었다, 아니었다
were not(weren't) ~없었다, 아니었다

예문 체크

I wasn't at the library.
저는 도서관에 없었어요.

You weren't wrong.
당신은 틀리지 않았어요.

We weren't ready.
우리는 준비가 되지 않았어요.

새로운 단어 ·library 명 도서관 ·wrong 형 틀린 ·ready 형 준비된

주어 + 일반 동사 현재형 + 목적어의 부정문(3인칭 단수 주어)

일반 동사 앞에 does not(doesn't)를 써요.

표현 블럭

doesn't brush her hair 그녀의 머리를 빗지 않는다
doesn't answer the phone 전화를 받지 않는다
doesn't grow vegetables 채소를 기르지 않는다
doesn't deliver the mail 우편을 배달하지 않는다

예문 체크

She doesn't brush her hair.
그녀는 머리를 빗지 않아요.

Hc docsn't answer the phone.
그는 전화를 받지 않아요.

Sam doesn't deliver the mail.
샘은 우편을 배달하지 않아요.

새로운 단어 ・brush 동 빗다 ・deliver 동 배달하다 ・mail 명 우편

 **Day 061** **be동사**

be동사 과거 의문문

be동사 과거형의 뒤에 주어를 붙이면
'~는 ~이었는가?,
~는 ~있었는가?'를 의미해요.

**표현
블럭**

Was he ~? 그는 ~이었는가/~있었는가?

Was she ~? 그녀는 ~이었는가/~있었는가?

Were you ~? 당신은 ~이었는가/~있었는가?

Were they ~? 그들은 ~이었는가/~있었는가?

**예문
체크**

Was he here?
그가 여기 있었나요?

Were you sick?
당신은 아팠나요?

Were they on time?
그들은 제시간에 도착했나요?

새로운 단어 •here 부 여기에 •sick 형 아픈 •on time 제시간에

주어 + 일반 동사 현재형 + 목적어 (3인칭 단수 주어)

단수 주어+일반 동사(s, es)+목적어의 순서이고,
'~가 ~을 ~하다'라고 해석해요.

 표현 블럭

carries a heavy bag 무거운 가방을 들다
signs the contract 계약서에 서명하다
finds a bone 뼈다귀를 찾다
catches a mouse 쥐를 잡다

 예문 체크

He carries a heavy bag.
그는 무거운 가방을 들어요.

She signs the contract.
그녀는 계약서에 서명해요.

The dog finds a bone.
그 개는 뼈다귀를 찾아요.

새로운 단어 ・heavy 형 무거운 ・sign 동 서명하다 ・contract 명 계약서
・bone 명 뼈

다음 문장을 읽으며 알맞은 단어에 ○ 표시하세요.

❶ 주어가 1인칭 단수일 때 be동사의 과거형
(was / were)를 쓸 수 있어요.
이것은 주어가 '(~이다 / ~이었다)'라는 뜻이에요.

❷ 주어가 2인칭일 때와 1인칭/3인칭 복수일 때,
뒤에 be동사 과거형 (was / were)를 붙여요.

❸ 주어 뒤에 was not과 were not을 붙이면 be동사의
(현재 / 과거) 부정문이 되고, '~는 ~가 아니었다,
~는 ~에 없었다'를 의미해요.

❹ 과거형을 사용한 be동사의 의문문을 만들 때, be동사
과거형의 (앞 / 뒤)에 주어를 붙여요.

Day 296 3형식 문장

주어 + 일반 동사 현재형
+ 목적어의 부정문

'~가 ~을 하지 않다'라는 부정문은

주어+do not(don't)+동사 원형+목적어의

순서로 써요.

표현 블럭

don't read comics 만화책을 읽지 않는다

don't respect our parents 우리 부모님을 존중하지 않는다

don't bake cookies 쿠키를 굽지 않는다

don't eat breakfast 아침을 먹지 않는다

예문 체크

We don't read comics.
우리는 만화책을 읽지 않아요.

They don't respect our parents.
그들은 우리 부모님을 존중하지 않아요.

You don't bake cookies.
당신은 쿠키를 굽지 않아요.

새로운 단어 •comics 몡 만화책 •respect 동 존경하다 •bake 동 굽다

다음 중 올바른 be동사에 ○ 표시하세요.

❶ 저는 공원에 있었어요.

I (was / were) at the park.

❷ 그들은 배우들이었어요.

They (was / were) actors.

다음 문장을 제시어에 맞게 바꿔 보세요.

❸ was not

⇨ 줄이기

❹ We were ready.

⇨ 부정문

❺ You were sick.

⇨ 의문문

주어 + 일반 동사 현재형 + 목적어

'~가 ~을 ~하다'라고 해석되는 문장이
3형식이에요. 가장 널리 쓰이는 문장이고,
주어+일반 동사 현재형+목적어의 순서로 써요.

표현 블럭

ask a lot of questions 많은 질문을 하다

send an email 이메일을 보내다

chase the cat 고양이를 쫓다

finish the report 보고서를 끝내다

예문 체크

The students ask a lot of questions.
학생들이 많은 질문을 해요.

We will send an email.
우리가 이메일을 보낼 거예요.

The dogs chase the cat.
개들은 고양이를 쫓아요.

새로운 단어 • **a lot of** 많은 • **email** 명 이메일 • **chase** 동 쫓다 • **report** 명 보고서

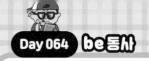

be동사 + 명사

주어+be동사+명사의 순서대로 문장을 만들면
'~는 ~이다'라는 뜻이에요.
직업이나 관계 등을 말할 때 사용해요.

표현 블럭

a close family 가까운 가족
a nice friend 좋은 친구
a smart lawyer 똑똑한 변호사
a fast tiger 빠른 호랑이

예문 체크

We are a close family.
우리는 가까운 가족이에요.

He is a nice friend.
그는 좋은 친구예요.

I am a smart lawyer.
나는 똑똑한 변호사예요.

새로운 단어 •close 형 가까운 •nice 형 좋은 •lawyer 명 변호사

빈칸에 알맞은 동사(be동사, 조동사)를 넣어 문장을 완성하세요.

❶ 영화는 재미있을 거예요.

The movie (   ) (   ) interesting.

❷ 그녀는 걱정하지 않을 거예요.

She (   ) not be worried.

❸ 우리는 하이킹 후에 기뻤어요.

We (   ) joyful after the hike.

❹ 나는 파티에서 행복할 거예요.

I (   ) (   ) happy at the party.

❺ 나는 밤에 무섭지 않아요.

I (   ) not scared at night.

❶ will, be ❷ will ❸ were ❹ will, be ❺ am

be동사 + 형용사

주어+be동사+형용사의 순서대로 문장을
만들면 '~는 ~하다'라는 뜻이에요.
어떤 사람이나 사물의 상태, 성격, 기분, 외모
등을 말할 때 사용해요.

**표현
블럭**

are exhausted 탈진하다
is thin 날씬하다
am hardworking 성실하다

**예문
체크**

We are exhausted.
우리는 탈진했어요.

He is thin.
그는 날씬해요.

I am hardworking.
나는 성실해요.

새로운 단어 •exhausted 형 탈진한 •thin 형 날씬한 •hardworking 형 성실한

Day 293 **혼공 퀴즈 1**

다음 초성 힌트를 보고 빈칸에 들어갈 단어를 맞혀 보세요.

❶ 미래의 ㅅㅌ 나 ㅅㅎ 을 설명할 때 주어 + will be
+ 형용사 순서로 문장을 만들어요. '~는 ~일 것이다'라고
해석해요.

❷ 미래에 주어의 ㅅㅌ 를 ㅂㅈ 할 때
주어 + will not + be + 형용사의 순서로 문장을 만들어요.
'~는 ~이지 않을 것이다'라고 해석해요.

❸ ㅇㅈ 상황이 발생했는지를 설명할 때 주어 + be동사
+ 형용사 + ㅅㄱ 을 나타내는 전치사구의 순서로
문장을 만들어요. '~는 (언제) ~한다(했다)'라고 해석해요.

❹ ㅇㄷㅅ 상황이 발생했는지를 설명할 때
주어 + be동사 + 형용사 + ㅈㅅ 를 나타내는
전치사구의 순서로 문장을 만들어요.
'~는 (어디서) ~한다(했다)'라고 해석해요.

❶ 상태, 상황 ❷ 상태, 부정 ❸ 언제, 시간 ❹ 어디서, 장소

be동사 + 나이

주어+be동사+나이의 순서대로 문장을
만들면 '~는 몇 살이다'라는 뜻이에요.

표현 블럭

is eleven years old 열한 살이다
am thirteen years old 열세 살이다
are twelve years old 열두 살이다

예문 체크

She is eleven years old.
그녀는 열한 살이에요.

I am thirteen years old.
나는 열세 살이에요.

You are twelve years old.
너는 열두 살이야.

새로운 단어 • eleven 형 열하나의 • twelve 형 열둘의 • thirteen 형 열셋의

 **Day 292** **2형식 문장**

주어 + be동사 + 형용사 + 수식의 부정문

'~는 (언제, 어디서) ~하지 않는다(않았다)'라고 부정할 때, 주어+be동사+not+형용사+수식의 순서로 써요.

 표현 블럭

am not scared 무서워하지 않다

is not worried 걱정하지 않다

were not sad 슬프지 않았다

will not be angry 화내지 않을 것이다

 예문 체크

I am not scared even at night.
나는 심지어 밤에도 무섭지 않아요.

They were not sad when their friends left.
그들은 그들의 친구들이 떠날 때 슬프지 않았어요.

She will not be angry later.
그녀는 나중에 화내지 않을 거예요.

새로운 단어 · even ㈜ 심지어 · left(leave의 과거형) ⑧ 떠났다 · later ㈜ 나중에

 **Day 067** be동사

There is / are

There is/are는 '~가 있다'라는 뜻이에요.
There is는 하나의 물건이나 사람이 있을 때,
There are는 둘 이상의 사람이나 물건이
있을 때 사용해요.

표현 블럭

a bird 새 한 마리
an apple 사과 한 개
children 아이들

예문 체크

There is a bird.
새 한 마리가 있어요.

There is an apple.
사과 한 개가 있어요.

There are children.
아이들이 있어요.

새로운 단어 · bird 명 새 · apple 명 사과 · children 명 아이들

Day 291 **2형식 문장**

주어 + be동사 + 형용사 + 장소 전치사구

어디서 상황이 발생했는지 설명할 때,
주어+be동사+형용사+장소 전치사구의
순서로 써요. '~는 (어디서) ~한다(했다)'로 해석해요.

표현 블럭

at the playground 놀이터에서
at the picnic 소풍에서
at the party 파티에서
at the airport 공항에서

예문 체크

We are thrilled at the playground.
우리는 놀이터에서 신나요.

She was relaxed at the picnic.
그녀는 소풍에서 편안해했어요.

I will be happy at the party.
나는 파티에서 행복할 거예요.

새로운 단어 · picnic 명 소풍 · airport 명 공항 · thrilled 형 신난
· relaxed 형 편안한

There was / were

There was / were는 '~가 있었다'라는 뜻이에요.
There was는 하나의 물건이나 사람,
There were는 둘 이상의 사람이나 물건이
있을 때 사용해요.

표현 블럭

a pencil 연필 한 자루
an octopus 문어 한 마리
flowers 꽃들
spoons 숟가락들

예문 체크

There was a pencil.
연필 한 자루가 있었어요.

There was an octopus.
문어 한 마리가 있었어요.

There were flowers.
꽃들이 있었어요.

새로운 단어 ·pencil 명 연필 ·octopus 명 문어 ·flower 명 꽃 ·spoon 명 숟가락

주어 + be동사 + 형용사 + 시간 전치사구

언제 상황이 발생했는지 설명할 때 주어+be동사 +형용사+시간 전치사구의 순서로 써요. '~는 (언제) ~한다(했다)'로 해석해요.

표현 블럭

during the interview 인터뷰 동안

by lunchtime 점심시간까지

after the hike 하이킹 후에

before the test 시험 전에

예문 체크

I was nervous during the interview.
나는 인터뷰 동안 긴장했어요.

The food will be fresh by the lunchtime.
그 음식은 점심시간까지 신선할 거예요.

We were joyful after the hike.
우리는 하이킹 후에 기뻤어요.

새로운 단어 ·interview 명 인터뷰 ·lunchtime 명 점심 시간 ·joyful 형 기쁜

Day 069 **혼공 퀴즈 1**

다음 초성 힌트를 보고 빈칸에 들어갈 단어를 맞혀 보세요.

❶ 주어+be동사+ ㅁ ㅅ 의 순서대로 문장을 만들면
'~는 ~이다'라는 뜻이에요.

─────────────────────────────

❷ 주어+be동사+ ㅎ ㅇ ㅅ 의 순서대로 문장을 만들면
'~는 ~하다'라는 뜻이에요.

─────────────────────────────

❸ 주어+be동사+나이의 순서대로 문장을 만들면
'~는 ㅁ ㅅ 이다'라는 뜻이에요.

설명을 읽으며 알맞은 단어에 ○ 표시하세요.

❹ There is/are 는 (~가 있다 / ~가 있었다)는 뜻으로,
there is는 (하나 / 두 개 이상)의 물건이나 사람이
있을 때 사용하며, there are는 (하나 / 둘 이상)의
사람이나 물건이 있을 때 사용해요.

❶ 명사 ❷ 형용사 ❸ 몇 살 ❹ ~가 있다, 하나, 둘 이상

주어 + be동사 미래형 + 형용사의 부정문

주어+will not(won't)+be+형용사로 쓰며,
'~는 ~이지 않을 것이다'라고 해석해요.

표현 블럭

will not be cold 차갑지 않을 것이다

will not be worried 걱정하지 않을 것이다

will not be rainy 비가 오지 않을 것이다

will not be lonely 외롭지 않을 것이다

예문 체크

The food will not be cold.
음식은 차갑지 않을 거예요.

She will not bc worried.
그녀는 걱정하지 않을 거예요.

The weather will not be rainy.
날씨는 비가 오지 않을 거예요.

새로운 단어 ·**worried** 형 걱정스러운 ·**rainy** 형 비가 오는 ·**lonely** 형 외로워하는

한국어 뜻에 맞게 빈칸에 알맞은 단어를 써넣으세요.

❶ 그는 날씬해요.

He is (   ).

❷ 그들은 변호사들입니다.

They are (   ).

아래의 단어를 한국어 뜻에 맞게 배열해 보세요.

❸ 그녀는 아홉 살이에요. (nine, is, years, she, old)

⇨

다음 중 알맞은 be동사에 ○ 표시하세요.

❹ 사과 한 개가 있어요.

There (is / are) (an apple / apples).

❺ 꽃들이 있었어요.

There (was / were) (a flower / flowers).

❶ thin ❷ lawyers ❸ She is nine years old. ❹ is, an apple ❺ were, flowers

주어 + be동사
미래형 + 형용사

미래의 상태나 상황을 설명할 때,
주어+will be+형용사의 순서로 문장을 만들어요.
'~는 ~일 것이다'로 해석해요.

표현 블럭

will be calm 차분할 것이다

will be interesting 흥미로울 것이다

will be free 한가할 것이다

will be rich 부유해질 것이다

예문 체크

He will be calm.
그는 차분할 거예요.

The book will be interesting.
그 책은 흥미로울 거예요.

My mom will be free.
엄마는 한가할 거예요.

새로운 단어 ・calm 형 차분한 ・free 형 한가한 ・rich 형 부유한

일반 동사

일반 동사는 우리가 어떤 행동을 하는지
말할 때 사용해요.
먹다, 걷다, 놀다, 읽다 같은 것들이에요.

**표현
블럭**

eat 먹다
run 달리다
play 놀다
read 읽다

**예문
체크**

I eat breakfast.
나는 아침을 먹어요.

You run every morning.
당신은 매일 아침 달려요.

They play together.
그들은 함께 놀아요.

새로운 단어 ·breakfast 명 아침 식사 ·every 형 모든 ·morning 명 아침
·together 부 함께

**빈칸에 알맞은 동사 (be동사, 조동사) 를 넣어
문장을 완성하세요.**

❶ 그는 미래에 의사가 될 거예요.

He (   ) (   ) a doctor in the future.

❷ 우리는 마을에서 친구였어요.

We (   ) friends in the town.

❸ 저는 자신감이 없었어요.

I (   ) not confident.

**다음 알파벳으로 시작하는 형용사를 써넣어
문장을 완성하세요.**

❹ 그녀는 긴장했어요.

She is n_____.

❺ 해변은 붐볐어요.

The beach was c_____.

❶ will, be ❷ were ❸ was ❹ (n)ervous ❺ (c)rowded

주어가 3인칭 단수일 때 −s가 붙는 일반 동사

3인칭 단수는 he(그), she(그녀), it(그것)으로
나, 너가 아닌 한 사람과 사물을 말해요.
따라오는 동사 끝에 −s를 붙여요.

표현 블럭

sing ▶ sings 노래하다
dances ▶ dances 춤추다
jump ▶ jumps 점프하다
cooks ▶ cooks 요리하다

예문 체크

He sings a song.
그는 노래해요.

She dances pretty well.
그녀는 춤을 꽤 잘 춰요.

My mom cooks healthy food.
엄마는 건강한 음식을 요리해요.

새로운 단어 •song 명 노래 •pretty 부 꽤 •healthy 형 건강한

Day 286 혼공 퀴즈 1

다음 초성 힌트를 보고 빈칸에 들어갈 단어를 맞혀 보세요.

❶ '~는 (ㅇ ㅈ) ~이다(이었다, 일 것이다)'라는 표현을
말할 때 주어＋be동사＋명사＋시간 전치사구 구조를
사용해요.

❷ '~는 어디에서 ~이다(이었다, 일 것이다)'라는 표현을
말할 때 주어＋be동사＋명사＋ ㅈ ㅅ 전치사구
구조를 사용해요.

❸ '~는 ~한 ㅅ ㅌ 이다'라는 표현을 말할 때
주어＋be동사 현재형(am／is／are)＋형용사 구조를
사용해요.

❹ '~는 ~한 ㅅ ㅌ 였다'라는 표현을 말할 때
주어＋be동사 ㄱ ㄱ 형(was／were)＋형용사 구조를
사용해요.

❶ 언제 ❷ 장소 ❸ 상태 ❹ 상태, 과거

Day 073 일반 동사

주어가 3인칭 단수일 때 −es가 붙는 일반 동사 ❶

주어가 3인칭 단수일 때
대부분의 일반 동사 뒤에 −s를 붙이지만
s로 끝나는 동사의 경우, −es를 붙여요.

표현 블럭

miss ▶ misses 놓치다

pass ▶ passes 건네다

guess ▶ guesses 추측하다

cross ▶ crosses 건너다

예문 체크

He often misses the bus.
그는 자주 버스를 놓쳐요.

She passes the salt.
그녀는 소금을 건네요.

He crosses the bridge.
그는 다리를 건너요.

새로운 단어 ·often 🖼️ 자주 ·salt 🖼️ 소금 ·bridge 🖼️ 다리

주어 + be동사 + 형용사의 부정문

주어+be동사+형용사의 부정문은
be동사 뒤에 not을 써서 만들어요.
'~는 ~하지 않는다(않았다)'로 해석해요.

표현 블럭

is not scared 두려워하지 않는다

were not proud 자랑스러워하지 않았다

was not hopeful 희망에 차 있지 않았다

were not jealous 질투하지 않았다

예문 체크

He is not scared.
그는 두려워하지 않아요.

They were not proud.
그들은 자랑스러워하지 않았어요.

I was not hopeful.
나는 희망에 차 있지 않았어요.

새로운 단어 • **proud** 혱 자랑스러운 • **hopeful** 혱 희망찬 • **jealous** 혱 질투하는

주어가 3인칭 단수일 때 −es가 붙는 일반 동사 ❷

주어가 3인칭 단수일 때
대부분의 일반 동사 뒤에 −s를 붙이지만
sh, ch로 끝나는 동사의 경우, −es를 붙여요.

표현 블럭

brush ▶ brushes 빗다

catch ▶ catches 잡다

push ▶ pushes 밀다

teach ▶ teaches 가르치다

예문 체크

She teaches English.
그녀는 영어를 가르쳐요.

He pushes the door for her.
그는 그녀를 위해 문을 밀어요.

She catches the ball.
그녀는 공을 잡아요.

새로운 단어 ·English 몡 영어 ·door 몡 문 ·for 전 ~을 위해

주어 + be동사 과거형 + 형용사

주어+be동사 과거형+형용사는
'~는 ~했다(였다)'라는
주어의 과거 상태를 말해요.

표현 블럭

was confident 자신 있었다

were shy 부끄러워했다

was crowded 붐볐다

was terrible 끔찍했다

예문 체크

I was confident.
저는 자신 있었어요.

The children were shy.
그 아이들은 부끄러워했어요.

The beach was crowded.
해변은 붐볐어요.

새로운 단어 ·confident 형 자신 있는 ·shy 형 부끄러워하는 ·crowded 형 붐비는

주어가 3인칭 단수일 때 -es가 붙는 일반 동사 ❸

주어가 3인칭 단수일 때
대부분의 일반 동사 뒤에 -s를 붙이지만
x, z 로 끝나는 동사의 경우, -es를 붙여요.

표현 블럭

fix ▶ fixes 고치다
mix ▶ mixes 섞다
relax ▶ relaxes 휴식을 취하다

예문 체크

He fixes the bike.
그는 자전거를 고쳐요.

She mixes the colors.
그녀는 색깔들을 섞어요.

She relaxes after exercising.
그녀는 운동 후에 휴식을 취해요.

새로운 단어 • bike 명 자전거 • color 명 색깔 • exercise 동 운동하다

주어 + be동사 현재형 + 형용사

주어+be동사 현재형+형용사는
'~는 ~한나(이다)'라는
주어의 현재 상태를 말해요.

표현 블럭

is nervous 긴장하다

is narrow 좁다

are enthusiastic 열정적이다

are bored 지루해하다

예문 체크

She is nervous.
그녀는 긴장했어요.

The trail is narrow.
그 길은 좁아요.

They are enthusiastic.
그들은 열정적이에요.

새로운 단어 ·narrow 형 좁은 ·enthusiastic 형 열정적인 ·trail 명 길, 산길

다음 초성 힌트를 보고 빈칸에 들어갈 단어를 맞혀 보세요.

❶ ㅇ ㅂ 동사는 우리가 어떤 행동을 하는지를 말할 때
사용해요.

❷ 주어가 3인칭 ㄷ ㅅ 일 때, 대부분의 일반 동사 끝에
-s를 붙여요.

설명을 읽으며 알맞은 단어에 ○ 표시하세요.

❸ 주어가 3인칭 단수일 때, s로 끝나는 동사의 경우,
동사 끝에 (-s / -es)를 붙여요.

❹ 주어가 3인칭 단수일 때, sh, ch로 끝나는 동사의 경우,
동사 끝에 (-s / -es)를 붙여요.

❺ 주어가 3인칭 단수일 때, x, z로 끝나는 동사의 경우,
동사 끝에 (-s / -es)를 붙여요.

❶ 일반 ❷ 단수 ❸ -es ❹ -es ❺ -es

주어 + be동사 + 명사 + 장소 전치사구

주어+be동사+명사+장소 전치사구로
'~는 ~에서 ~이다'라는 의미를 표현해요.

표현 블럭

in the town 마을에서

at the company 회사에서

in the new apartment 새 아파트에서

on the train 기차 위에서

예문 체크

We were friends in the town.
우리는 마을에서 친구였어요.

They are colleagues at the company.
그들은 회사에서 동료예요.

They will be neighbors in the new apartment.
그들은 새 아파트에서 이웃이 될 거예요.

새로운 단어 · town 몡 마을 · company 몡 회사 · apartment 몡 아파트
· colleague 몡 동료

괄호 안의 동사의 형태를 변형하여 빈칸에 적으세요.

❶ 그들은 놀아요. (play)

They (   ).

___

❷ 그는 노래해요. (sing)

He (   ) a song.

___

❸ 그녀는 영어를 가르쳐요. (teach)

She (   ) English.

___

❹ 그는 다리를 건너요. (cross)

He (   ) the bridge.

___

❺ 그녀는 운동 후에 휴식을 취해요. (relax)

She (   ) after exercising.

❶ play ❷ sings ❸ teaches ❹ crosses ❺ relaxes

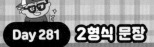

주어 + be동사 + 명사 + 시간 전치사구

주어+be동사+명사+시간 전치사구는
'~는 ~(언제)에 ~이다'라는 의미예요.
be동사와 조동사 will을 사용해서
과거, 현재, 미래를 표현할 수 있어요.

**표현
블럭**

in her early years 그녀가 젊었을 때

after graduation 졸업 후에

by noon 정오까지

after the game 게임 후에

**예문
체크**

She was an architect in her early years.
그녀는 젊었을 때 건축가였어요.

He will be a doctor after graduation.
그는 졸업 후에 의사가 될 거예요.

Everybody will be hungry by noon.
모두가 정오까지 배고플 거예요.

새로운 단어 • graduation 명 졸업 • architect 명 건축가 • everybody 명 모두
• hungry 형 배고픈

주어가 3인칭 단수일 때 y가 i로 바뀌고 -es가 붙는 일반 동사

주어가 3인칭 단수일 때, 동사가 자음+y로 끝나면 y를 i로 바꾸고 그 뒤에 -es를 붙여요.

표현 블럭

study ▶ studies 공부하다
try ▶ tries 노력하다
cry ▶ cries 울다

예문 체크

He studies hard.
그는 열심히 공부해요.

She tries to help others.
그녀는 다른 사람을 도우려 노력해요.

The baby cries all the time.
그 아기는 항상 울어요.

새로운 단어 ・hard 男 열심히 ・others 명 다른 사람들 ・all the time 항상

**be동사를 알맞게 변형하여 문장을 완성하세요.
필요할 경우 not을 추가해요.**

❶ 우리는 이웃이에요.

We (　　　) neighbors.

❷ 그 프로젝트는 성공하지 못할 거예요.

The project will (　　　) (　　　) a success.

❸ 그녀는 유명한 여배우가 될 거예요.

She will (　　　) a famous actress.

❹ 그는 의사였어요.

He (　　　) a doctor.

❺ 그 책은 고전이 아니에요.

The book (　　　) (　　　) a classic.

❶ are ❷ not, be ❸ be ❹ was ❺ is, not

 **Day 079** 일반 동사

주어가 3인칭 단수일 때 불규칙 동사

주어가 3인칭 단수이지만
우리가 배운 규칙과 관계없이 바뀌는 동사를
불규칙 동사라고 해요.

 표현 블럭
have ▶ has 가지다
do ▶ does 하다
go ▶ goes 가다

 예문 체크
She has a cat with brown fur.
그녀는 갈색 털의 고양이를 가지고 있어요.

He does his homework every day.
그는 매일 그의 숙제를 해요.

She goes to school.
그녀는 학교에 가요.

새로운 단어 ·brown 형 갈색의 ·fur 명 털 ·homework 명 숙제

Day 279 혼공 퀴즈 1

다음 초성 힌트를 보고 빈칸에 들어갈 단어를 맞혀 보세요.

❶ 주어의 현재 상태나 신분을 설명할 때 주어 + be동사
현재형 (am / is / are) + 명사 구조를 사용해요.
'~는 ~ ㅇ ㄷ '라고 해석해요.

---

❷ 과거의 상태나 신분을 설명할 때 주어 + be동사
과거형 (was / were) + 명사 구조를 사용해요.
'~는 ~ ㅇ ㅇ ㄷ '라고 해석해요.

---

❸ be동사의 현재형과 과거형이 쓰인 문장을 ㅂ ㅈ
할 때는 be동사 뒤에 not을 써요.
'~는 ~가 아니다 (아니었다)'라고 해석해요.

---

❹ 주어의 미래 상태나 신분을 부정해서 말할 때
주어 + will not be + 명사 구조를 사용해요.
'~는 ~이 되지 ㅇ ㅇ 것이다'라고 해석해요.

❶ 이다 ❷ 이었다 ❸ 부정 ❹ 않을

Day 080 일반 동사

일반 동사 현재형의 부정문 ❶

주어가 1인칭(I), 2인칭(you), 3인칭 복수(we)이면
동사 앞에 do not(don't)을 붙여요.
'~하지 않는다'를 뜻해요.

표현 블럭

don't like 좋아하지 않는다
don't play 놀지 않는다
don't work 일을 하지 않는다

예문 체크

I don't like coffee.
나는 커피를 좋아하지 않아요.

You don't play a lot.
당신은 많이 놀지 않아요.

They don't work on weekends.
그들은 주말에 일하지 않아요.

새로운 단어 •a lot 많이 •work ⑧ 일하다 •weekend ⑲ 주말

주어 + be동사 미래형 + 명사의 부정문

주어의 미래 상태나 신분을 부정해서 말할 때,

주어+will not be+명사를 써요.

'~는 ~이 되지 않을 것이다'라고 해석해요.

표현 블럭

will not be a bestseller 베스트셀러가 되지 않을 것이다

will not be a guide 가이드가 되지 않을 것이다

will not be a leader 리더가 되지 않을 것이다

will not be a judge 판사가 되지 않을 것이다

예문 체크

The book will not be a bestseller.
그 책은 베스트셀러가 되지 않을 거예요.

The woman will not be a guide.
그 여자는 가이드가 되지 않을 거예요.

He will not be a leader.
그는 리더가 되지 않을 거예요.

새로운 단어 •bestseller 명 베스트셀러 •guide 명 가이드 •leader 명 리더

일반 동사 현재형의 부정문 ❷

주어가 3인칭 단수(he / she / it)이면,
동사 앞에 does not(doesn't)을 붙여요.

**표현
블럭**

doesn't enjoy 즐기지 않는다
doesn't cook 요리를 하지 않는다
doesn't make sense 말이 되지 않는다

**예문
체크**

He doesn't enjoy soccer.
그는 축구를 즐겨 하지 않아요.

She doesn't cook anymore.
그녀는 더 이상 요리를 하지 않아요.

It doesn't make sense.
그것은 말이 되지 않아요.

새로운 단어 •enjoy (동) 즐기다 •make sense 말이 되다 •anymore (부) 더 이상

주어 + be동사 미래형 + 명사

주어의 미래 상태나 신분을 설명할 때,
주어+be동사 미래형(will be)+명사를 사용해요.
'~는 ~이 될 것이다'라고 해석해요.

표현 블럭

will be a role model 롤모델이 될 것이다

will be a success 성공할 것이다

will be a famous actress 유명한 여배우가 될 것이다

will be a president 대통령이 될 것이다

예문 체크

She will be a role model.
그녀는 롤모델이 될 거예요.

The project will be a success.
그 프로젝트는 성공할 거예요.

She will be a famous actress.
그녀는 유명한 여배우가 될 거예요.

새로운 단어 ·role model 본보기, 롤모델 ·success 명 성공 ·actress 명 여배우

Day 082 일반 동사

일반 동사 현재형의 의문문 ❶

일반 동사 현재형의 의문문을 만들 때,
주어 앞에 Do를 붙여요.
'~는 ~하나요?'를 뜻해요.

표현 블럭

Do I ~? 나는 ~하는가?

Do we ~? 우리는 ~하는가?

Do you ~? 당신은 ~하는가?

Do they ~? 그들은 ~하는가?

예문 체크

Do I look okay?
저는 괜찮아 보이나요?

Do you like ice cream?
당신은 아이스크림을 좋아하나요?

Do they perform here?
그들이 여기서 공연하나요?

새로운 단어 · okay 혱 괜찮은 · ice cream 몡 아이스크림 · perform 됭 공연하다

주어 + be동사 + 명사의 부정문

be동사의 현재형과 과거형이 쓰인 문장을
부정할 때는 be동사 뒤에 not을 써요.
'~는 ~이 아니다(아니었다)'라고 해석해요.

표현 블럭

is not a textbook 교과서가 아니다

are not friendly neighbors 친절한 이웃이 아니다

was not his son 그의 아들이 아니었다

was not a daughter 딸이 아니었다

예문 체크

The book is not a textbook.
그 책은 교과서가 아니에요.

We are not friendly neighbors anymore.
우리는 더이상 친절한 이웃이 아니에요.

John was not his son.
존은 그의 아들이 아니었어요.

새로운 단어 · textbook ⑲ 교과서 · friendly ⑱ 친절한 · daughter ⑲ 딸

다음 초성 힌트를 보고 빈칸에 들어갈 단어를 맞혀 보세요.

❶ 주어가 3인칭 단수이지만 규칙과 관계없이 바뀌는 동사를
ㅂ ㄱ ㅊ 동사라고 말해요.

설명을 읽으며 알맞은 단어에 ○ 표시하세요.

❷ 일반 동사 현재형의 부정문을 만들 때,
주어가 1인칭, 2인칭, 3인칭 복수면 동사 (앞 / 뒤)에
(do not / does not)을 붙여요.

❸ 일반 동사 현재형의 부정문을 만들 때,
주어가 3인칭 단수이면, 동사 (앞 / 뒤)에
(do not / does not)을 붙여요.

❹ 일반 동사 현재형의 의문문을 만들 때,
주어가 I, we, you, they면 주어 (앞 / 뒤)에
(Do / Does)를 붙여요.

주어 + be동사
과거형 + 명사

주어의 과거의 상태나 신분을 설명할 때,
주어+was / were+명사로 써요.
'~는 ~이었다'라고 해석해요.

표현 블럭

was a doctor 의사였다

were online friends 온라인 친구들이었다

was a manager 관리자였다

was a pilot 조종사였다

예문 체크

He was a doctor.
그는 의사였어요.

They were online friends.
그들은 온라인 친구들이었어요.

She was a manager.
그녀는 관리자였어요.

새로운 단어 · online 형 온라인의 · manager 명 관리자 · pilot 명 조종사

괄호 안의 동사의 형태를 변형하여 빈칸에 쓰세요.

❶ 그는 열심히 공부해요. (study)

He (   ) hard.

3인칭 단수일 때, 다음 동사의 형태를 빈칸에 쓰세요.

❷ have (   )

❸ do (   )

다음 문장을 제시어에 맞게 바꿔 보세요.

❹ It makes sense.

⇨ 부정형

❺ I look okay.

⇨ 의문문

주어 + be동사
현재형 + 명사

'나는 학생이다'처럼 주어의 상태나 신분을
설명하는 것을 2형식 문장이라고 해요.
주어+be동사 현재형+명사의 순서로 써요.

표현 블럭

is a classic 고전이다

are neighbors 이웃이다

am a fan 팬이다

is a refrigerator 냉장고이다

예문 체크

The book is a classic.
그 책은 고전이에요.

We are neighbors.
우리는 이웃이에요.

I am a big fan.
저는 열혈 팬이에요.

새로운 단어 ·classic 명 고전 ·fan 명 팬 ·refrigerator 명 냉장고

Day 085 일반 동사

일반 동사 현재형의 의문문 ❷

일반 동사 현재형의 의문문을 만들때,
주어가 3인칭 단수(he / she / it)면
주어 앞에 Does를 붙여요.

표현 블럭

Does he ~? 그는 ~을/를 하는가?

Does she ~? 그녀는 ~을/를 하는가?

Does it ~? 이것은 ~을/를 하는가?

Yes, he / she / it does. 긍정의 대답

예문 체크

Does he like surfing?
그는 서핑하는 것을 좋아하나요?

Does she play tennis?
그녀는 테니스를 치나요?

Does it snow here?
여기에 눈이 오나요?

새로운 단어 ・surf 동 서핑하다 ・play tennis 테니스를 치다 ・snow 동 눈이 오다

알맞은 단어에 ○ 표시하세요.

❶ 당신은 부드럽게 노래해요.

You sing (soft / softly).

보기에서 알맞은 전치사를 골라 문장을 완성하세요.

보기 for, in, near, out

❷ 서점이 지하철역 근처에 있어요.

The bookstore is (   ) the subway station.

❸ 정원에 많은 꽃들이 있어요.

There are many flowers (   ) the garden.

❹ 그는 방 밖으로 걸어갔어요.

He walked (   ) of the room.

❺ 그는 잠시 동안 쉬었어요.

He rested (   ) a while.

❶ softly ❷ near ❸ in ❹ out ❺ for

일반 동사
현재 진행형 ①

'~하고 있다'의 뜻을 가진 현재 진행형은
주어+be동사(현재)+동사+ing의 형태로 만들어요.

표현 블럭

am watching 보고 있다
are drinking 마시고 있다
is crying 울고 있다
is dancing 춤을 추고 있다

예문 체크

I am watching a famous movie.
나는 유명한 영화를 보고 있어요.

You are drinking milk.
당신은 우유를 마시고 있어요.

She is crying silently.
그녀는 조용히 울고 있어요.

새로운 단어 · milk 명 우유 · famous 형 유명한 · silently 부 조용히

다음 초성 힌트를 보고 빈칸에 들어갈 단어를 맞혀 보세요.

❶ 주어＋일반 동사에 '~ ㅎ ㄱ '라는 뜻을 지닌 부사를
사용하여 '~가 ~ ㅎ ㄱ ~한다'라는 문장을 만들 수
있어요.

❷ ㅅ ㄱ 전치사 표현을 사용해서 '~가 (언제, 얼마 동안)
~하다'라는 문장을 만들 수 있어요.

❸ ㅈ ㅅ 전치사 표현을 사용해서 '~가 (~에서)
~하다'라는 문장을 만들 수 있어요.

❹ ㅇ ㅊ 를 나타내는 전치사 표현을 사용해서
'~가 (~에, 에서) ~하다'라는 문장을 만들 수 있어요.

❺ ㅇ ㅈ ㅇ 을 나타내는 전치사 표현을 사용해서 '~가
(어떤 움직임으로) ~히다'리는 문장을 만들 수 있어요.

일반 동사
현재 진행형 ❷

e로 끝나는 동사를 현재 진행형으로 만들 때는
맨 뒤에 있는 e를 생략하고 ing를 붙여요.

**표현
블럭**

make 만들다 ▶ am making 만들고 있다

give 주다 ▶ is giving 주고 있다

dance 춤추다 ▶ are dancing 춤추고 있다

**예문
체크**

I am making a doll.
나는 인형을 만들고 있어요.

He is giving them gifts.
그는 그들에게 선물들을 주고 있어요.

They are dancing for the audience.
그들은 관객을 위해 춤추고 있어요.

새로운 단어 •doll 명 인형 •gift 명 선물 •audience 명 관객

Day 271 1형식 문장

주어 + 동사 + 움직임 전치사구

움직임 전치사구를 사용해서
'~가 (어떤 움직임으로) ~하다'라는
문장을 만들어요.

표현 블럭

through the tunnel 터널을 통과해서

to the countryside 시골로

into the pond 연못 속으로

out of the school 학교 밖으로

예문 체크

The truck passed through the tunnel.
그 트럭은 터널을 통과했어요.

My family moved to the countryside.
내 가족은 시골로 이사했어요.

The frog jumped into the pond.
개구리는 연못 속으로 뛰어들었어요.

새로운 단어 ·truck 몡 트럭 ·countryside 몡 시골 ·frog 몡 개구리 ·pond 몡 연못

Day 088 일반 동사

일반 동사 현재 진행형 ❸

ie로 끝나는 동사를 현재 진행형으로 만들 때는
맨 뒤에 있는 ie를 생략하고 y+ing를 붙여요.

표현 블럭

lie 눕다 ▶ is lying 누워 있다
die 죽다 ▶ is dying 죽고 있다
tie 묶다 ▶ is tying 묶고 있다

예문 체크

She is lying on the floor.
그녀는 바닥에 누워 있어요.

The plant is dying.
식물이 죽고 있어요.

He is tying his shoelaces.
그는 그의 신발 끈을 매고 있어요.

새로운 단어 · **floor** 몡 바닥 · **plant** 몡 식물 · **shoelace** 몡 신발 끈

주어 + 동사 + 위치 전치사구

위치 전치사구를 사용해서
'~가 (~에, 에서) ~하다'라는 문장을 만들어요.

표현 블럭

near the bench 벤치 근처에서

behind the counter 카운터 뒤에서

beside the fountain 분수 옆에

under the couch 소파 아래

예문 체크

The dog sits near the bench.
그 개는 벤치 근처에 앉아 있어요.

I hide behind the counter.
나는 카운터 뒤에 숨어요.

She waited beside the elevator.
그녀는 엘리베이터 옆에서 기다렸어요.

새로운 단어 ·bench 몡 벤치 ·counter 몡 카운터 ·elevator 몡 엘리베이터

일반 동사 현재 진행형 ④

단모음+단자음으로 끝나는 동사들을
현재 진행형으로 만들 때는
마지막 자음을 하나 더 추가하고 ing를 붙여요.

표현 블럭

hit 치다 ▶ is hitting 치고 있다

sit 앉다 ▶ is sitting 앉아 있다

shop 쇼핑하다 ▶ are shopping 쇼핑하고 있다

예문 체크

He is hitting the wall.
그는 벽을 치고 있어요.

She is sitting on the couch.
그녀는 긴 의자에 앉아 있어요.

They are shopping at the mall.
그들은 쇼핑몰에서 쇼핑하고 있어요.

새로운 단어 ·wall 명 벽 ·mall 명 쇼핑몰 ·couch 명 긴 의자

Day 269 **1형식 문장**

주어 + 동사
+ 장소 전치사구

장소 전치사구를 사용해서
'~가 (~에서) ~하다'라는 문장을 만들어요.

표현 블럭

in the deep lake 깊은 호수에서

in the public library 공공 도서관에서

in the garden 정원에서

in the village 마을에서

예문 체크

We swam in the deep lake.
우리는 깊은 호수에서 수영을 했어요.

She is studying in the public library.
그녀는 공공 도서관에서 공부하고 있어요.

We gather in the garden.
우리는 정원에서 모여요.

새로운 단어 · **deep** 형 깊은 · **public** 형 공공의 · **gather** 동 모이다

다음 초성 힌트를 보고 빈칸에 들어갈 단어를 맞혀 보세요.

❶ ㅎ ㅈ ㅈ ㅎ ㅎ 은 '지금 ~하고 있다'라는 뜻을 가지고 있어요.

❷ 단모음+단자음으로 끝나는 동사들을 현재 진행형으로 만들 때, 마지막 ㅈ ㅇ 을 하나 더 추가하고 ing를 붙여요.

설명을 읽으며 알맞은 단어에 O 표시하세요.

❸ 일반 동사 현재형의 의문문을 만들 때, 주어가 3인칭 단수면 주어 (앞 / 뒤)에 (do / does)를 붙여요.

설명을 읽으며 빈칸에 알맞은 말을 써넣으세요.

❹ ie로 끝나는 동사들은 현재 진행형으로 만들기 위해서 맨 뒤에 있는 (   )를 생략하고 (   )+ing를 붙여요.

주어 + 동사
+ 시간 전치사구

시간 전치사구를 사용해서
'~가 (언제, 얼마 동안) ~하다'라는
문장을 만들어요.

표현 블럭

at 5 o'clock 5시에

in the afternoon 오후에

for a while 잠시 동안

on Sunday 일요일에

예문 체크

The show finishes at 5 o'clock.
공연은 5시에 끝나요.

We walk in the afternoon.
우리는 오후에 걸어요.

He rested for a while.
그는 잠시 동안 쉬었어요.

새로운 단어 ・afternoon 명 오후 ・finish 동 끝나다 ・for a while 잠시 동안

**아래의 문장을 읽고 틀린 부분을 찾은 후,
바르게 고쳐 쓰세요.**

❶ 그녀는 테니스를 치나요?

Do she play tennis?

⇨ 틀린 부분

⇨ 바르게 고친 것

주어가 'I'일 때 다음 동사의 현재 진행형을 빈칸에 쓰세요.

❷ dance (　　　　　　　　　)

❸ cry (　　　　　　　　)

❹ watch (　　　　　　　　)

❺ lie (　　　　　　　)

❻ shop (　　　　　　　　　)

주어 + 일반 동사 + 부사

주어+일반 동사에 '~하게'라는 뜻을 지닌
부사를 붙여 '~가 ~하게 ~한다'라는 뜻의
다양한 문장을 만들 수 있어요.

표현 블럭

sing softly　부드럽게 노래한다

explain carefully　신중하게 설명한다

speak clearly　분명하게 말한다

play happily　행복하게 논다

예문 체크

You sing softly.
당신은 부드럽게 노래해요.

The professor explains carefully.
그 교수님은 신중하게 설명해요.

She speaks clearly.
그녀는 분명하게 말해요.

새로운 단어　•softly 🖲 부드럽게　•professor 🖲 교수　•clearly 🖲 분명하게

일반 동사
현재 진행형의 부정문

'~하고 있지 않다'라는 뜻의 현재 진행형의
부정문은 주어+am / are / is not+동사+ing의
형태로 만들어요.

**표현
블럭**

are not sleeping 자고 있지 않다
are not talking 이야기하고 있지 않다
are not barking 짖고 있지 않다

**예문
체크**

We are not sleeping in class.
우리는 수업 시간에 자고 있지 않아요.

They are not talking quietly.
그들은 조용히 이야기하고 있지 않아요.

The dog is not barking loudly.
그 강아지는 크게 짖고 있지 않아요.

새로운 단어 ·**class** 명 수업 ·**quietly** 부 조용히 ·**loudly** 부 크게

보기에서 알맞은 것을 골라 문장을 완성하세요.

보기 wasn't, were, weren't, will, won't

❶ 그는 듣고 있지 않았어요.

He (   ) listening.

❷ 나는 이길 거야.

I (   ) win.

❸ 당신들은 줄을 서고 있지 않았어요.

You (   ) waiting in a line.

❹ 그들은 자전거를 타지 않을 거야.

They (   ) ride bikes.

❺ 우리는 음식을 기다리고 있었어요.

We (   ) waiting for the food.

❶ wasn't ❷ will ❸ weren't ❹ won't ❺ were

일반 동사 현재 진행형 부정문의 축약형

축약형은 더 짧은 형태로 만드는 거예요.
부정문의 축약형은 다음과 같이 만들 수 있어요.

is not ▶ isn't / are not ▶ aren't

표현 블럭

isn't snowing 눈이 내리고 있지 않다
aren't listening 듣고 있지 않다
aren't riding 타고 있지 않다

예문 체크

It isn't snowing right now.
지금 눈이 내리고 있지 않아요.

We aren't listening to music.
우리는 음악을 듣고 있지 않아요.

They aren't riding a motorcycle.
그들은 오토바이를 타고 있지 않아요.

새로운 단어 ・music 몡 음악 ・right now 지금 ・motorcycle 몡 오토바이

다음 초성 힌트를 보고 빈칸에 들어갈 단어를 맞혀 보세요.

❶ ㄱ ㄱ 에 사건이나 행동이 일어나고 있지
않았다는 것을 표현할 때 단수 주어(She / He / It / I) 뒤에
was + not (wasn't) + 동사 + ing를 붙여 표현해요.

❷ 과거의 특정 시점에 ㅈ ㅎ 중이던 동작이나 상태를
나타낼 때 복수 주어(We / You / They) 뒤에
were + 동사 + ing를 붙여요.

❸ ㅁ ㄹ 에 일어날 일을 예고하거나 약속할 때
will을 사용해요. 주어 + will + 동사 원형으로 '~는 ~할
것이다'라는 문장을 만들 수 있어요.

❹ will not (won't)은 will의 ㅂ ㅈ ㅎ 이에요.
주어 + will not (won't) + 동사 원형으로 '~가 하지 않을
것이다'라는 문장을 만들 수 있어요.

❶ 과거 ❷ 진행 ❸ 미래 ❹ 부정형

일반 동사
현재 진행형의 의문문

현재 진행형의 의문문은 '~하고 있나요?'라고
물어볼 때 사용해요. 의문문을 만들 때는
be동사(현재)를 주어 앞에 놓아요.

**표현
블럭**

Is ~ reading 읽고 있나요?

Are ~ playing baseball 야구를 하고 있나요?

Is ~ raining 비가 내리고 있나요?

**예문
체크**

Is she reading a magazine? 그녀는 잡지를 읽고 있나요?
Yes, she is. 네, 그녀는 읽고 있어요.

Are they playing baseball? 그들은 야구를 하고 있나요?
Yes, they are. 네, 그들은 하고 있어요.

Is it raining heavily? 밖에 비가 심하게 내리고 있나요?
Yes, it is. 네, 비가 심하게 내리고 있어요.

새로운 단어 •magazine 명 잡지 •baseball 명 야구 •heavily 부 심하게

Day 264 1형식 문장

주어 + 일반 동사 미래형의 부정문

will not(won't)은 will의 부정형이에요.
주어+will not(won't)+동사 원형으로
'~가 하지 않을 것이다'라는 뜻의 문장을 만들어요.

표현 블럭

won't respond 대답하지 않을 것이다

won't arrive 도착하지 않을 것이다

won't rest 쉬지 않을 것이다

won't help 도와주지 않을 것이다

예문 체크

The actors won't respond.
그 배우들은 대답하지 않을 거예요.

The runners won't arrive.
그 달리기 선수들은 도착하지 않을 거예요.

The nurses won't rest.
그 간호사들은 쉬지 않을 거예요.

새로운 단어 •respond 동 대답하다 •runner 명 달리기 선수 •nurse 명 간호사

일반 동사의 과거형 ❶

일반 동사의 과거형은 '~가 ~했다'라고
말할 때 사용해요. 대부분의 동사 뒤에
—ed를 붙이면 과거형이 돼요.

 표현 블럭

laugh 웃다 ▶ laughed 웃었다

paint 그림을 그리다 ▶ painted 그림을 그렸다

pull 당기다 ▶ pulled 당겼다

clean 청소하다 ▶ cleaned 청소했다

 예문 체크

The old man laughed.
그 노인은 웃었어요.

She painted with a sharp pen.
그녀는 날카로운 펜으로 그림을 그렸어요.

We cleaned our house.
우리는 집을 청소했어요.

새로운 단어 ·old ⑲ 나이 든 ·with ㉓ ~로 ·sharp ⑲ 날카로운

Day 263 **1형식 문장**

주어 + 일반 동사 미래형

미래에 일어날 일을 말하거나 다짐할 때,
will을 사용해요. 주어+will+동사 원형으로
'~는 ~할 것이다'라는 문장을 만들어요.

표현 블럭

will travel 여행할 것이다

will run 달릴 것이다

will cook 요리할 것이다

will wait 기다릴 것이다

예문 체크

The tourists will travel.
관광객들은 여행할 거예요.

The allhletes will run.
운동선수들은 달릴 거예요.

The chefs will cook.
요리사들은 요리할 거예요.

새로운 단어 • tourist 명 관광객 • athlete 명 운동 선수 • chef 명 요리사

Day 096 일반 동사

일반 동사의 과거형 ❷

대부분의 동사 뒤에 −ed를 붙이면 과거형이 돼요.
하지만 단어 끝이 e인 동사는 −d만 붙여요.

**표현
블럭**

close 닫다 ▶ closed 닫았다

love 사랑하다 ▶ loved 사랑했다

smile 웃다 ▶ smiled 웃었다

move 이사하다 ▶ moved 이사했다

**예문
체크**

I loved you in the past.
나는 과거에 당신을 사랑했어요.

He smiled happily.
그는 행복하게 웃었어요.

She moved to another state.
그녀는 다른 하나의 주로 이사했어요.

새로운 단어 •past 몡 과거 •another 때 다른 하나의 •state 몡 주

주어 + 일반 동사 과거 진행형의 부정문 (복수 주어)

복수 주어가 '~하고 있지 않았다'를 표현할 때,
주어+were not(weren't)+동사+ing를 써요.

표현 블럭

weren't dozing 졸고 있지 않았다

weren't relaxing 쉬고 있지 않았다

weren't humming 콧노래를 부르고 있지 않았다

weren't hiking 하이킹하고 있지 않았다

예문 체크

They weren't dozing.
그들은 졸고 있지 않았어요.

The divers weren't relaxing.
그 잠수부들은 쉬고 있지 않았어요.

The workers weren't humming.
그 일하는 사람들은 콧노래를 부르고 있지 않았어요.

새로운 단어 •doze 동 졸다 •relax 동 쉬다 •hum 동 콧노래하다 •diver 명 잠수부

다음 초성 힌트를 보고 빈칸에 들어갈 단어를 맞혀 보세요.

❶ 현재 진행형의 ㅂ ㅈ ㅁ 은 '~하고 있지 않다'라고
말할 때 사용해요.

❷ 부정문의 ㅊ ㅇ ㅎ 은 am / are / is not을
더 짧은 형태로 만드는 거예요.

❸ 현재 진행형의 ㅇ ㅁ ㅁ 은
'~하고 있나요?'라고 물어볼 때 사용해요.

❹ 일반 동사의 ㄱ ㄱ ㅎ 은
'~가 ~했다'라고 말할 때 사용해요.

❶ 부정문 ❷ 축약형 ❸ 의문문 ❹ 과거형

주어 + 일반 동사 과거 진행형 (복수 주어)

복수 주어(we / you / they)가 '~하고 있었다'를
표현할 때, 주어+were+동사+ing를 써요.

표현 블럭

were resting 쉬고 있었다

were murmuring 중얼거리고 있었다

were sweating 땀을 흘리고 있었다

were jogging 조깅하고 있었다

예문 체크

The waiters were resting.
그 웨이터들은 쉬고 있었어요.

The girls were murmuring.
그 소녀들은 중얼거리고 있었어요.

The players were sweating.
그 선수들은 땀을 흘리고 있었어요.

새로운 단어 · waiter 몧 종업원 · murmur 통 중얼거리다 · sweat 통 땀을 흘리다

빈칸에 알맞은 단어를 넣어 문장을 완성해 보세요.

❶ 눈이 내리고 있지 않아요.

It (   ) (   ) snowing.

It (   ) snowing.

---

❷ Q) 그들은 축구를 하고 있나요?

A) 네, 그들은 하고 있어요.

Q) (   ) (   ) (   ) soccer?

A) (   ), (   ) (   ).

빈칸에 주어진 동사의 과거형을 써넣으세요.

❸ laugh (   )

---

❹ close (   )

---

❺ clean (   )

---

❻ smile (   )

❶ is, not, isn't ❷ Are, they, playing, Yes, they, are.
❸ laughed ❹ closed ❺ cleaned ❻ smiled

Day 260 1형식 문장

주어 + 일반 동사
과거 진행형의 부정문
(단수 주어)

단수 주어가 '~하고 있지 않았다'를 표현할 때,
주어+was not(wasn't)+동사+ing를 써요.

**표현
블럭**

wasn't coloring 색칠하고 있지 않았다

wasn't listening 듣고 있지 않았다

wasn't reading 읽고 있지 않았다

wasn't counting 세고 있지 않았다

**예문
체크**

She wasn't coloring.
그녀는 색칠하고 있지 않았어요.

He wasn't listening at all.
그는 전혀 듣고 있지 않았어요.

She wasn't counting.
그녀는 세고 있지 않았어요.

새로운 단어 • color (동) 색칠하다 • at all (부정문에서) 조금도 • count (동) (숫자를) 세다

y로 끝나는
일반 동사의 과거형

끝이 y인 일반 동사를 과거형으로 바꿀 때는
y를 i로 바꾸고, 그 뒤에 −ed를 붙여요.

**표현
블럭**

carry 나르다 ▶ carried 날랐다

hurry 서두르다 ▶ hurried 서둘렀다

apply 적용하다 ▶ applied 적용했다

dry 말리다 ▶ dried 말렸다

**예문
체크**

She carried the luggage.
그녀는 그 짐을 날랐어요.

He hurried home.
그는 집으로 서둘렀어요.

She dried her hair.
그녀는 그녀의 머리카락을 말렸어요.

새로운 단어 ·**luggage** 명 짐 ·**home** 부 집으로 ·**hair** 명 머리카락

괄호 안의 단어를 알맞게 배열하여 문장을 완성하세요.

❶ (frown, mom, my, didn't)

⇨

❷ (was, student, bowing, the)

⇨

알맞은 단어에 ○ 표시하세요.

❸ 그녀는 기침을 했어요.

She (coughs / coughed).

❹ 그녀는 기침을 하지 않았어요.

She (did not coughs / did not cough).

❺ 나뭇잎이 떨어지고 있었어요.

The leaf (is falling / was falling).

❶ My mom didn't frown. ❷ The student was bowing.
❸ coughed ❹ did not cough ❺ was falling

단모음 + 단자음으로 끝나는 동사의 과거형

단모음과 단자음으로 끝나는 일반 동사는
마지막 자음을 한 번 더 쓰고 −ed를 붙여요.

표현 블럭

plan 계획하다 ▶ planned 계획했다

drop 떨어뜨리다 ▶ dropped 떨어뜨렸다

hop 깡충 뛰다 ▶ hopped 깡충 뛰었다

stop 멈추다 ▶ stopped 멈췄다

예문 체크

He planned his trip.
그는 여행을 계획했어요.

I dropped the eraser.
나는 지우개를 떨어뜨렸어요.

The rabbit hopped away.
토끼가 다른 데로 깡충 뛰어갔어요.

새로운 단어   • trip 명 여행 • rabbit 명 토끼 • away 부 다른 데로

알맞은 말에 ○ 표시하세요.

❶ (단수 / 복수) 주어가 지금 어떤 행동을 하고 있음을
나타낼 때 주어 + are + 동사 + ing 형태를 써서
현재 진행형을 만들어요.

❷ (단수 / 복수) 주어가 지금 어떤 행동을 하고 있지
않음을 나타낼 때 주어 + are not (aren't) + 동사 + ing를
써서 현재 진행형 (긍정문 / 부정문)을 만들어요.

❸ 과거의 특정 시점에 (끝난 / 진행 중이던) 동작이나
상태를 나타낼 때 단수 주어 뒤에 was + 동사 + ing를 써요.

다음 초성 힌트를 보고 빈칸에 들어갈 단어를 맞혀 보세요.

❹ ㄱ ㄱ 의 사건이나 행동이 일어나지
않았다는 것을 표현할 때 주어 뒤에
did not (didn't) + ㄷ ㅅ ㅇ ㅎ 을 써요.

---

❶ 복수 ❷ 복수, 부정문 ❸ 진행 중이던 ❹ 과거, 동사 원형

일반 동사의
불규칙 과거형 ❶

어떤 동사들은 원형과 과거형이 같아요.
그 단어의 모양이 변하지 않기 때문에
쉽게 기억할 수 있어요.

표현 블럭

set 차리다 ▶ set 차렸다

let 허락하다 ▶ let 허락했다

cut 자르다 ▶ cut 잘랐다

put 놓다 ▶ put 놓았다

예문 체크

We set the table.
우리는 식탁을 차렸어요.

She let him go back to his house.
그녀는 그를 그의 집으로 돌아가게 했어요.

They cut the paper.
그들은 종이를 잘랐어요.

새로운 단어 • **table** 몡 식탁 • **go back** 튄 돌아가다 • **paper** 몡 종이

주어 + 일반 동사 과거 진행형 (단수 주어)

단수 주어(I / she / he / it)가 '~하고 있었다'를
표현할 때 주어+was+동사+ing를 써요.

표현 블럭

was breathing 숨을 쉬고 있었다

was falling 떨어지고 있었다

was bowing 인사를 하고 있었다

was moving 이사를 하고 있었다

예문 체크

She was breathing.
그녀는 숨을 쉬고 있었어요.

The leaf was falling.
나뭇잎이 떨어지고 있었어요.

The student was bowing.
그 학생은 인사를 하고 있었어요.

새로운 단어 ·breathe ⑧ 숨을 쉬다 ·bow ⑧ (고개 숙여) 인사하다 ·leaf ⑲ 잎, 이파리

일반 동사의
불규칙 과거형 ❷

어떤 동사들은 과거형으로 바뀔 때
a, e, i, o, u 같은 단어의 모음 글자가 변해요.

표현 블럭

begin 시작하다 ▶ began 시작했다

sing 노래하다 ▶ sang 노래했다

ring 울리다 ▶ rang 울렸다

sit 앉다 ▶ sat 앉았다

예문 체크

She began her math homework.
그녀는 그녀의 수학 숙제를 시작했어요.

He sang loudly.
그는 큰 소리로 노래를 불렀어요.

Suddenly, the phone rang.
갑자기, 전화가 울렸어요.

새로운 단어 •suddenly (부) 갑자기 •phone (명) 전화기 •math (명) 수학

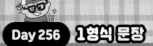

Day 256 **1형식 문장**

주어 + 일반 동사 과거형의 부정문

과거에 사건이나 행동이
일어나지 않았음을 말할 때
주어 뒤에 did not(didn't)+동사 원형을 써요.

표현 블럭

did not (didn't) faint 기절하지 않았다

did not (didn't) frown 찡그리지 않았다

did not (didn't) jog 조깅하지 않았다

did not (didn't) blink 눈을 깜빡이지 않았다

예문 체크

The child didn't faint.
그 아이는 기절하지 않았어요.

My mom didn't frown.
엄마는 얼굴을 찡그리지 않았어요.

They didn't blink.
그들은 눈을 깜빡이지 않았어요.

새로운 단어 ·faint 동 기절하다 ·frown 동 (얼굴을) 찡그리다
·blink 동 (눈을) 깜빡이다

일반 동사의 불규칙 과거형 ❸

어떤 동사들은 과거형으로 바뀔 때
단어의 자음과 모음이 모두 변해요.
~ought로 변하는 경우를 잘 기억하세요.

표현 블럭

bring 가져오다 ▶ brought 가져왔다

think 생각하다 ▶ thought 생각했다

buy 사다 ▶ bought 샀다

seek 찾다 ▶ sought 찾았다

예문 체크

I brought some snacks.
나는 간식을 좀 가져왔어요.

He thought of a solution.
그는 해결책을 생각했어요.

She sought help.
그녀는 도움을 찾았어요.

새로운 단어 ・snack 명 간식 ・solution 명 해결책 ・help 명 도움

주어 + 일반 동사 과거형

과거에 일어난 일을 설명할 때 I / you / he / she 등의 주어 뒤에 일반 동사의 과거형을 써요.

표현 블럭

threw up 토를 했다

coughed 기침을 했다

sneezed 재채기를 했다

went to ~ ~에 갔다

예문 체크

A guy threw up.
한 남자가 토를 했어요.

The patient coughed.
그 환자가 기침을 했어요.

They sneezed.
그들은 재채기를 했어요.

새로운 단어 ・threw up(throw up의 과거형) 토를 했다 ・patient 명 환자
・coughed(cough의 과거형) 동 기침했다
・sneezed(sneeze의 과거형) 동 재채기했다

다음 초성 힌트를 보고 빈칸에 들어갈 단어를 맞혀 보세요.

❶ 단어가 단모음과 단자음으로 끝나는 동사는
마지막 ㅈ ㅇ 을 한 번 더 쓰고 -ed를 붙여요.

❷ 어떤 동사들은 ㅇ ㅎ 과 ㄱ ㄱ ㅎ 이 같아요.
즉, 그 단어의 모양이 변하지 않아요.

❸ 어떤 동사들은 과거형으로 바뀔 때 단어의
ㅁ ㅇ 이 변해요.

❹ 어떤 동사들은 과거형으로 바뀔 때 단어의 ㅈ ㅇ 과
ㅁ ㅇ 이 모두 변해요.

설명을 읽으며 빈칸에 알맞은 말을 써넣으세요.

❺ 대부분의 일반 동사 뒤에 -ed를 붙이면 과거형이 돼요.
하지만 단어 끝이 y인 동사를 과거형으로 바꿀 때는
y를 (   )로 바꾸고, 그 뒤에 (   )를 붙여요.

---

❶ 자음 ❷ 원형, 과거형 ❸ 모음 ❹ 자음, 모음 ❺ i, ed

Day 254 1형식 문장

주어 + 일반 동사
현재 진행형의 부정문
(복수 주어)

복수 주어 다음에 are not(aren't)+동사+ing를
써서 현재 진행형의 부정문을 만들어요.

표현 블럭

are not whispering 속삭이고 있지 않다
are not tiptoeing 발끝으로 걷고 있지 않다
are not sighing 한숨 쉬고 있지 않다
are not shivering 떨고 있지 않다

예문 체크

We are not whispering.
우리는 속삭이고 있지 않아요.

You are not tiptoeing.
당신들은 발끝으로 걷고 있지 않아요.

They are not shivering.
그들은 떨고 있지 않아요.

새로운단어 ·whisper 동 속삭이다 ·tiptoe 동 발끝으로 걷다 ·shiver 동 (몸을) 떨다

주어진 동사의 과거형을 빈칸에 써넣으세요.

❶ apply (   )

❷ stop (   )

❸ plan (   )

❹ hurry (   )

괄호 안에 주어진 동사의 형태를 알맞게 변형하여 문장을 완성하세요.

❺ 그들은 종이를 잘랐다. (cut)

They (   ) the paper.

❻ 갑자기, 전화가 울렸다. (ring)

Suddenly, the phone (   ).

❼ 나는 간식을 좀 가져왔다. (bring)

I (   ) some snacks.

❶ applied ❷ stopped ❸ planned ❹ hurried ❺ cut ❻ rang ❼ brought

 **Day 253** **1형식 문장**

주어 + 일반 동사
현재 진행형 (복수 주어)

복수 주어(we / you / they)가
지금 어떤 행동을 하고 있음을 말할 때
주어+are+동사+ing의 순서로
현재 진행형을 만들어요.

표현 블럭

are clapping 박수 치고 있다
are exercising 운동하고 있다
are cheering 응원하고 있다
are stretching 스트레칭 하고 있다

예문 체크

We are clapping.
우리는 박수 치고 있어요.

You are exercising.
당신들은 운동하고 있어요.

They are cheering.
그들은 응원하고 있어요.

새로운 단어 •clap ⑧ 박수 치다 •cheer ⑧ 응원하다 •stretch ⑧ 스트레칭 하다

Day 106 일반 동사

일반 동사 과거형의 부정문

일반 동사 과거형의 부정문을 만들 때
주어 뒤에 did not(didn't)을 붙여요.
그 뒤에 일반 동사는 원형으로 써요.

표현 블럭

didn't listen 듣지 않았다

didn't watch 보지 않았다

didn't finish 마무리하지 않았다

didn't concentrate 집중하지 않았다

예문 체크

I didn't listen carefully.
나는 주의 깊게 듣지 않았어요.

She didn't watch the news.
그녀는 그 뉴스를 보지 않았어요.

They didn't finish the job.
그들은 그 일을 마무리하지 않았어요.

새로운 단어 •carefully (부) 주의 깊게 •news (명) 뉴스 •job (명) 일

괄호 안의 단어를 활용하여 문장을 완성하세요.
괄호 안의 단어는 변형 가능해요.

❶ 그는 손을 흔들고 있지 않아요. (wave, he, be, not)

(   ) (   ) (   ) (   ).

❷ 그 개가 크게 짖고 있어요. (be, bark)

The dog (   ) (   ) loudly.

❸ 너는 음악을 듣고 있지 않아요. (be, not, listen)

You (   ) (   ) (   ) to music.

❹ 너는 읽고 있어요. (be, read)

You (   ) (   ).

❺ 나는 달리고 있지 않아요. (be, not, run)

I (   ) (   ) (   ).

❶ He, is, not, waving ❷ is, barking
❸ are, not, listening ❹ are, reading ❺ am, not, running

일반 동사 과거형의 의문문

과거에 무언가를 했는지 물어볼 때는
Did를 주어 앞에 넣고
끝에 물음표를 붙여 의문문을 만들어요.

표현 블럭

Did ~ have dinner? ~은/는 저녁을 먹었는가?

Did ~ call you? ~은/는 당신에게 전화했는가?

Did ~ go to the gym? ~은/는 헬스장에 갔는가?

Did ~ study? ~은/는 공부했는가?

예문 체크

Did he have dinner?
그는 저녁을 먹었나요?

Did she call you yesterday?
그녀가 어제 당신에게 전화했나요?

Did you go to the gym?
당신은 헬스장에 갔나요?

새로운 단어 ·**dinner** 명 저녁 식사 ·**call** 동 전화하다 ·**gym** 명 체육관

알맞은 말에 ○ 표시하세요.

❶ (1인칭 / 2인칭) 단수 주어가 현재 하고 있지 않는 것을
나타낼 때 You are 뒤에 not을 붙이고 동사+ing를 이어
붙여요.

❷ (1인칭 / 2인칭 / 3인칭) 단수 주어가 지금 어떤
행동을 하고 있다는 것을 나타낼 때 He / She / It is 뒤에
동사+ing를 붙여서 현재 진행형을 만들어요.

❸ (1인칭 / 2인칭 / 3인칭) 단수 주어가 지금 어떤
행동을 하고 있지 않다는 것을 나타낼 때 He / She / It is
(앞 / 뒤)에 not을 붙이고 동사+ing를 이어 붙여서 현재
진행형의 부정문을 만들어요.

일반 동사 과거 진행형

일반 동사의 과거 진행형은
was/were+동사+ing로 써요.
'~는 ~하고 있었다'라고 해석해요.

표현 블럭

was working out 운동을 하고 있었다
was screaming 소리를 지르고 있었다
were talking 이야기를 하고 있었다
were crawling 기어가고 있었다

예문 체크

I was working out.
나는 운동을 하고 있었어요.

She was screaming.
그녀는 소리를 지르고 있었어요.

They were talking about love.
그들은 사랑에 대하여 이야기를 하고 있었어요.

새로운 단어 ·work out 운동하다 ·scream ⑧ 소리 지르다 ·about ㉙ ~에 대하여

주어 + 일반 동사 현재 진행형의 부정문 (3인칭 단수 주어)

단수 주어 다음에 is not+동사+ing를 써서 지금 '~하고 있지 않다'는 부정문을 만들어요.

표현 블럭

is not floating 떠 있지 않다

is not yawning 하품하고 있지 않다

is not waving 손을 흔들고 있지 않다

is not sleeping 자고 있지 않다

예문 체크

It is not flowing on the water.
그것은 물 위에 떠 있지 않아요.

She is not yawning.
그녀는 하품하고 있지 않아요.

He is not waving.
그는 손을 흔들고 있지 않아요.

새로운 단어 • float (동) 떠 가다, 뜨다 • yawn (동) 하품하다 • wave (동) 손을 흔들다

일반 동사
과거 진행형의 부정문

일반 동사 과거 진행형의 부정문은
was/were not+동사+ing로 써요. 과거의
특정 시간에 진행 중이 아니었던 행동을 표현해요.

표현 블럭

was not eating 먹고 있지 않았다

was not acting 연기하고 있지 않았다

were not trying 노력하고 있지 않았다

were not running 뛰고 있지 않았다

예문 체크

I was not eating the salad.
나는 샐러드를 먹고 있지 않았어요.

He was not acting.
그는 연기하고 있지 않았어요.

You were not trying enough.
당신은 충분히 노력하고 있지 않았어요.

새로운 단어 ·salad 몡 샐러드 ·act 됭 연기하다 ·enough 튀 충분히

주어 + 일반 동사 현재 진행형 (3인칭 단수 주어)

3인칭 단수 주어(he / she / it)로
지금 '~가 ~하고 있다'를 말할 때,
주어+is+동사+ing의 순서로 써요.

표현 블럭

is playing soccer 축구를 하고 있다

is barking 짖고 있다

is studying 공부하고 있다

예문 체크

He is playing with a rugby ball.
그는 럭비공으로 놀고 있어요.

It is barking at the robber.
그것이 강도를 향해 짖고 있어요.

She is studying for the exam.
그녀는 시험 공부를 하고 있어요.

새로운 단어 •rugby 명 럭비 •robber 명 강도 •exam 명 시험

일반 동사 과거 진행형의 의문문

과거의 특정 시간에 어떤 행동을
하고 있었는지를 물을 때는
Was/Were+주어+동사+ing?의 형태로 써요.

표현 블럭

Was ~ singing? ~는 노래하고 있었나요?

Was ~ hiding? ~는 숨어 있었나요?

Were ~ playing sports? ~는 스포츠를 하고 있었나요?

Were ~ riding bikes? ~는 자전거들을 타고 있었나요?

예문 체크

Was she singing a pop song? 그녀는 팝송을 부르고 있었나요?
Yes, she was. 네, 그녀는 노래하고 있었어요.

Was he hiding? 그는 숨어 있었나요?
Yes, he was. 네, 그는 숨어 있었어요.

Were you playing badminton? 당신은 배드민턴을 치고 있었나요?
No, I wasn't. 아니요, 배드민턴을 치고 있지 않았어요.

새로운 단어 ・hide ⑧ 숨다 ・pop song 팝송 ・badminton ⑨ 배드민턴

주어 + 일반 동사 현재 진행형의 부정문 (2인칭 단수 주어)

'너는 ~하고 있지 않다'라고 말할 때,
are not+동사+ing의 순서로 써요.

표현 블럭

are not talking 말하고 있지 않다

are not coughing 기침하고 있지 않다

are not listening 듣고 있지 않다

are not sitting 앉아 있지 않다

예문 체크

You are not talking on the phone.
당신은 전화로 이야기하고 있지 않아요.

You are not coughing.
당신은 기침하고 있지 않아요.

You are not listening to the counselor's advice.
당신은 상담사의 조언을 듣고 있지 않아요.

새로운 단어 · cough ⑧ 기침하다 · counselor ⑲ 상담사 · advice ⑲ 충고, 조언

다음 초성 힌트를 보고 빈칸에 들어갈 단어를 맞혀 보세요.

❶ 일반 동사 ㄱ ㄱ ㅎ 의 ㅂ ㅈ ㅁ 을 만들 때
주어 뒤에 did not을 붙여요. did not 뒤에 일반 동사는
ㄷ ㅅ ㅇ ㅎ 을 사용해요.

❷ ㄱ ㄱ 에 무언가를 했는지 물어볼 때는 Did를 주어
앞에 넣고 끝에 물음표를 붙여 의문문을 만들어요.

❸ 일반 동사의 ㄱ ㄱ ㅈ ㅎ ㅎ 은
was/were + 동사 + ing로 나타내요.

❹ 과거의 특정 시간에 어떤 행동을 하고 있었는지 물을 때,
Was / Were + ㅈ ㅇ + ㄷ ㅅ +ing?으로 나타내요.

주어 + 일반 동사 현재 진행형(2인칭 단수 주어)

2인칭 단수 주어 너, 당신(you)이
지금 '~하고 있다'라고 말할 때,
are+동사+ing의 순서로 써요.

표현
블럭

are chatting 이야기하고 있다

are cooking 요리하고 있다

are listening 듣고 있다

are reading 읽고 있다

예문
체크

You are chatting.
당신은 이야기하고 있어요.

You are cooking for your cousins.
당신은 너의 사촌들을 위해 요리하고 있어요.

You are listening to a popular song.
당신은 인기 많은 노래를 듣고 있어요.

새로운 단어 · chat ⑧ 이야기하다 · cousin ⑲ 사촌 · popular ⑱ 인기 있는

빈칸에 알맞은 단어를 넣어 문장을 완성해 보세요.

❶ 그녀는 그 뉴스를 보지 않았어요.

She ( ) ( ) ( ) the news.

She ( ) ( ) the news.

❷ 그는 저녁을 먹었나요?

( ) he ( ) dinner?

❸ 나는 운동을 하던 중이었어요.

I ( ) ( ) out.

❹ 그는 연기하던 중이 아니었어요.

He ( ) ( ) ( ).

❺ 그는 숨어 있었나요?

( ) he ( )?

❶ did, not, watch, didn't, watch ❷ Did, have(eat)
❸ was, working ❹ was, not, acting ❺ Was, hiding

주어 + 일반 동사 현재 진행형의 부정문 (1인칭 단수 주어)

1인칭 단수 주어(I)가 지금 '~하고 있지 않다'라고 말할 때, am not+동사+ing의 순서로 써요.

표현 블럭

am not singing 노래하고 있지 않다
am not running 달리고 있지 않다
am not dancing 춤추고 있지 않다
am not typing 타이핑하고 있지 않다

예문 체크

I am not singing beautifully.
나는 아름답게 노래하고 있지 않아요.

I am not running on the track.
나는 경주로에서 달리고 있지 않아요.

I am not dancing with my wife.
나는 내 아내와 춤추고 있지 않아요.

새로운 단어 ·type 통 타이핑하다 ·beautifully 분 아름답게 ·track 명 경주로
·wife 명 아내

미래를 나타내는 조동사 will ❶

동사 앞에서 의미를 더해 주는 단어를
조동사라고 해요. 조동사 will은 미래를 나타내고,
will+be의 형태로 '~ 될 것이다,
~일 것이다'를 표현해요.

표현 블럭
will be a police officer 경찰이 될 것이다
will be busy 바쁠 것이다
will be amazing 놀라울 것이다

예문 체크
I will be a police officer.
나는 경찰이 될 거예요.

He will be busy next week.
그는 바빠질 거예요.

The future will be amazing.
미래는 놀라울 거예요.

새로운 단어 ·next week 다음 주 ·future 몡 미래 ·amazing 옝 놀라운

알맞은 단어에 O 표시하세요.

❶ 나는 수영해요.

I (swim / swims).

---

❷ 우리는 테이블에 앉지 않아요.

We (don't sit / do sit) at the table.

---

❸ 그는 코를 골아요.

He (snore / snores).

---

❹ 마이클은 춤추지 않아요.

Michael (don't / doesn't) dance.

괄호 안의 단어를 활용하여 문장을 완성하세요.

❺ 나는 숲에서 하이킹하고 있어요. (I, be, hike)

(   ) (   ) (   ) in the woods.

 **Day 114** 조동사

미래를 나타내는 조동사 will ②

조동사 will 뒤에 일반 동사의 원형이 오면
'~할 것이다'를 의미해요. 이때 동사 원형은
동사의 현재형에 s, es, ed 등 어떠한 것도
붙지 않은 형태를 말해요.

표현 블럭

will study 공부를 할 것이다

will visit 방문할 것이다

will walk 걸어갈 것이다

will take a nap 낮잠을 잘 것이다

예문 체크

I will study very hard.
나는 공부를 매우 열심히 할 거예요.

They will visit the neighborhood.
그들은 이웃 동네를 방문할 거예요.

He will walk to his grandmother's house.
그는 할머니 댁까지 걸어갈 거예요.

새로운 단어 ・very 튀 매우 ・neighborhood 명 이웃 동네
・grandmother 명 할머니

다음 초성 힌트를 보고 빈칸에 들어갈 단어를 맞혀 보세요.

❶ '나는 간다'처럼 ㅈ ㅇ +일반 ㄷ ㅅ 로만 구성되는
  것을 1형식 문장이라고 해요.

❷ ㅂ ㅈ ㅁ 은 어떤 동작이나 상태가 일어나지 않음을
  나타내는 문장이에요. 일반 동사 앞에 do not(don't)를
  사용해서 ㅂ ㅈ ㅁ 을 만들어요.

❸ 주어로 3인칭 ㄷ ㅅ 가 쓰이면 동사의 현재형에
  -s나 -es를 붙여요.

❹ 주어가 3인칭 ㄷ ㅅ 일 때 일반 동사 앞에 does
  not(doesn't)를 사용해서 ㅂ ㅈ ㅁ 을 만들어요.

❺ ㅎ ㅈ ㅈ ㅎ ㅎ 은 '~하고 있다'라는 의미이고,
  지금 하고 있는 동작이 끝나지 않았음을 의미해요.

❶ 주어, 동사 ❷ 부정문, 부정문 ❸ 단수 ❹ 단수, 부정문 ❺ 현재 진행형

Day 115 조동사

미래를 나타내는 조동사 will의 부정문 ❶

부정문은 will 뒤에 not을 붙이거나,
won't로 써요. will not be~는
'~지 / 되지 않을 것이다'를 의미해요.

표현 블럭

will not be lazy 게으르지 않을 것이다

will not be loud 시끄럽게 하지 않을 것이다

will not be a soldier 군인이 되지 않을 것이다

will not be rich 부자가 되지 않을 것이다

예문 체크

I will not be lazy from tomorrow.
저는 내일부터 게으르지 않을 거예요.

They won't be loud tonight.
그들은 오늘 밤에 시끄럽게 하지 않을 거예요.

He will not be a weak soldier.
그는 약한 군인이 되지 않을 거예요.

새로운 단어 •soldier 몡 군인 •since 쩐 ~이후, ~부터 •tonight 뷔 오늘 밤에
•weak 혱 약한

주어 + 일반 동사 현재 진행형 (1인칭 단수 주어)

현재 진행형은 '~하고 있다'라는 의미로
지금 하고 있는 동작이 끝나지 않았음을 뜻해요.
주어+be동사+동사+ing의 순서로 써요.

표현 블럭

am hiking 하이킹하고 있다

am fishing 낚시하고 있다

am jumping 점프하고 있다

am stopping 멈추고 있다

예문 체크

I am hiking in the woods.
나는 숲에서 하이킹하고 있어요.

I am fishing with my uncle.
나는 삼촌과 함께 낚시하고 있어요.

I am jumping on the trampoline.
나는 트램폴린에서 뛰고 있어요.

새로운 단어 ·hike 동 도보 여행하다 ·uncle 명 삼촌 ·trampoilne 명 트램폴린

 **Day 116** 조동사

미래를 나타내는 조동사 will의 부정문 ❷

will not(won't)+동사 원형은
'~하지 않을 것이다'를 의미해요.

표현 블럭

will not cry 울지 않을 것이다
will not stop 멈추지 않을 것이다
will not tell 말하지 않을 것이다
will not join 가입하지 않을 것이다

예문 체크

I will not cry like a baby.
나는 아기처럼 울지 않을 거예요.

The bird will not stop flying.
그 새는 나는 것을 멈추지 않을 거예요.

She won't tell a lie.
그녀는 거짓말하지 않을 거예요.

새로운 단어 ·like 전 ~처럼 ·fly 동 날다 ·lie 명 거짓말

주어 + 일반 동사 현재형의 부정문 (3인칭 단수 주어)

일반 동사 앞에 does not(doesn't)을 써서 '~하지 않는다'라는 뜻의 부정문을 만들어요.

표현 블럭

doesn't dance 춤추지 않는다

doesn't flow 흐르지 않는다

doesn't burn 타지 않는다

doesn't close 닫히지 않는다

예문 체크

Michael doesn't dance.
마이클은 춤추지 않아요.

The river doesn't flow.
그 강은 흐르지 않아요.

The candle doesn't burn.
그 촛불은 타지 않아요.

새로운 단어 • dance 동 춤추다 • flow 동 흐르다 • candle 명 양초, 촛불
• close 동 닫히다

 **Day 117** 조동사

미래를 나타내는 조동사 will의 의문문

미래를 나타내는 조동사 will의 의문문은
주어와 Will의 순서를 바꿔서 써요.

**표현
블럭**

Will ~ go ~? ~은/는 갈 것인가?

Will ~ be ~? ~은/는 될 것인가?

Will ~ join ~? ~은/는 함께할 것인가?

**예문
체크**

Will you go on a vacation? 당신은 휴가를 갈 것인가요?
Yes, I will. 네, 저는 갈 거예요.

Will they be fire fighters? 그들은 소방관이 될 것인가요?
Yes, they will be. 네, 그들은 될 거예요.

Will she join us? 그녀는 우리와 함께할 것인가요?
No, she won't. 아니요, 그녀는 함께하지 않을 거예요.

새로운 단어 •vacation 몡 휴가 •fire fighter 몡 소방관 •join 동 함께하다

주어 + 일반 동사 현재형 (3인칭 단수 주어)

주어로 3인칭 단수(he/she/it/사람 이름)를 쓰면 동사의 현재형에 −s나 −es를 붙여요.

표현 블럭

snores 코를 골다

sets (해가) 지다

ticks 똑딱거리다

leaves 떠나다

예문 체크

He snores.
그는 코를 골아요.

The sun sets.
해가 져요.

The clock ticks.
그 시계가 똑딱거려요.

새로운 단어 ·snore ⑧ 코를 골다 ·set ⑧ (해가) 지다 ·tick ⑧ 똑딱거리다

Day 118 혼공 퀴즈 1

다음 초성 힌트를 보고 빈칸에 들어갈 단어를 맞혀 보세요.

❶ 동사 ㅇ 에서 의미를 더해 주는 것을
ㅈ ㄷ ㅅ 라고 해요.

❷ ㄷ ㅅ ㅇ ㅎ 은 동사의 ㅎ ㅈ ㅎ 에
어떠한 변화를 주지 않은 형태를 말해요.

❸ will not be는 ' ㄷ ㅈ 않을 것이다'를 의미해요.

❹ will not + 동사 원형은 '~ ㅎ ㅈ ㅇ ㅇ 것이다'를
의미해요.

❺ will의 의문문은 ㅈ ㅇ 와 will의 순서를 바꿔서
나타내요.

❶ 앞, 조동사 ❷ 동사 원형, 현재형 ❸ 되지 ❹ 하지 않을 ❺ 주어

주어 + 일반 동사 현재형의 부정문

부정문은 어떤 동작이나 상태가 일어나지 않음을
발하는 문상이에요. 일반 동사 앞에
do not(don't)을 사용해서 만들어요.

표현 블럭

don't meow 야옹거리지 않는다
don't grow 자라지 않는다
don't yell 소리치지 않는다
don't scream 비명 지르지 않는다

예문 체크

The cats don't meow.
그 고양이들은 야옹거리지 않아요.

They don't grow.
그들은 자라지 않아요.

We don't yell.
우리는 소리치지 않아요.

새로운 단어 •meow 동 (고양이가) 야옹거리다 •grow 동 자라다 •yell 동 소리치다

Day 119 혼공 퀴즈 2

빈칸에 알맞는 단어를 넣어 문장을 완성해 보세요.

❶ 나는 경찰이 될 거예요.

   I (   ) (   ) a police officer.

❷ 그는 낮잠을 잘 거예요.

   He (   ) (   ) a nap.

❸ 그는 시끄럽게 하지 않을 거예요.

   He (   ) (   ) (   ) loud.

❹ 그녀는 거짓말하지 않을 거예요.

   She (   ) (   ) a lie.

❺ 당신은 휴가 갈 것인가요?

   (   ) (   ) (   ) on a vacation?

❶ will, be ❷ will, take ❸ will, not, be ❹ won't, tell ❺ Will, you, go

Day 239　1형식 문장

주어 + 일반 동사 현재형

'나는 간다'처럼 주어+일반 동사로만
구성되는 것을 1형시 문장이라고 해요.

표현 블럭

rise 떠오르다

blow 불다

boil 끓다

fall 떨어지다

예문 체크

The sun rises.
해가 떠올라요.

The wind blows.
바람이 불어요.

The water boils.
물이 끓어요.

새로운 단어　•rise 동 떠오르다　•blow 동 (바람이) 불다　•boil 동 끓다

가능을 나타내는 조동사 can

'~할 수 있다'라고 가능을 말하고 싶을 때
조동사 can을 써요.
can 뒤에는 동사 원형이 와요.

표현 블럭

can draw 그릴 수 있다

can climb 올라갈 수 있다

can bark 짖을 수 있다

can write 쓸 수 있다

예문 체크

You can draw a portrait.
너는 초상화를 그릴 수 있어요.

My cat can climb a tree.
내 고양이는 나무에 올라갈 수 있어요.

My sister can write a letter.
내 동생은 편지를 쓸 수 있어요.

새로운 단어 •portrait 명 초상화 •tree 명 나무 •letter 명 편지

가능을 나타내는 또 다른 표현

가능을 나타내는 조동사 can을
be able to로 바꿔서 쓸 수 있어요.
to 다음에는 동사 원형을 써요.

표현 블럭

are able to cook 요리할 수 있다
is able to drive 운전할 수 있다
am able to visit 방문할 수 있다

예문 체크

We are able to cook Italian food.
우리는 이탈리아 음식을 요리할 수 있어요.

He is able to drive fast.
그는 빠르게 운전할 수 있어요.

I am able to visit my grandparents.
나는 내 조부모님 댁을 방문할 수 있어요.

새로운 단어 · Italian 형 이탈리아의 · fast 부 빠르게 · grandparents 명 조부모님

알맞은 단어에 O 표시하세요.

❶ 그녀는 아름다운 미소를 가지고 있어요.

She has a (beautiful / many) smile.

❷ 그는 항상 일찍 일어나요.

He (always / sometimes) wakes up early.

❸ 나는 공원에서 너를 만날 거야.

I will meet you (on / at) the park.

❹ 그녀는 아파서 집에 있었어요.

She stayed home (so / because) she was ill.

❺ 조심해! 저 냄비는 뜨거워!

(Wow / Watch out)! That pot is hot!

❶ beautiful ❷ always ❸ at ❹ because ❺ Watch out

허락을 나타내는 조동사 can

can은 '~할 수 있다'라는 가능의 뜻 외에
'~해도 된다'라는 허락의 뜻도 가지고 있어요.
can 뒤에는 동사 원형을 써요.

표현 블럭

can ride 타도 된다
can listen 들어도 된다
can use 사용해도 된다
can build 지어도 된다

예문 체크

You can ride my green bike.
너는 내 초록색 자전거를 타도 돼요.

She can use the shiny pen.
그녀는 그 반짝이는 펜을 사용해도 돼요.

They can build a sandcastle.
그들은 모래성을 지어도 돼요.

새로운 단어 ·green 휑 초록색의 ·shiny 휑 빛나는, 반짝이는
·sandcastle 휑 모래성

다음 초성 힌트를 보고 빈칸에 들어갈 단어를 맞혀 보세요.

❶ ㅎ ㅇ ㅅ 는 크기, 색깔, 모양, 성격, 감정, 맛, 냄새, 온도, 상태, 수량 등 물건이나 사람을 더 생생하게 묘사할 수 있게 도와줘요.

❷ ㅂ ㅅ 는 ㄷ ㅅ, ㅎ ㅇ ㅅ, 또는 다른 ㅂ ㅅ 등을 수식하여 동작이나 상태의 정도, 방법, 시간, 장소 등을 더 구체적으로 설명해 주는 말이에요.

❸ ㅈ ㅊ ㅅ 는 명사나 대명사 앞에 위치하여 시간, 장소, 방향 등을 나타내는 덩어리 표현을 만드는 데 사용해요.

❹ ㅈ ㅅ ㅅ 는 단어, 구, 절 또는 문장을 서로 연결해 주는 말이에요. 주로 이유, 대조, 추가, 조건 등을 표현하는 데 사용해요.

❺ ㄱ ㅌ ㅅ 는 감정이나 느낌을 즉각적으로 표현할 때 사용해요.

❶ 형용사 ❷ 부사, 동사, 형용사, 부사 ❸ 전치사 ❹ 접속사 ❺ 감탄사

가능, 허락을 나타내는 조동사 can의 부정문

can의 부정문은 '~할 수 없다' 또는
'~하면 안 된다'라는 뜻이에요.
부정문을 만들 때는 can't 또는 cannot을 써요.

표현 블럭

can't go 나가면 안 된다
can't speak 말하면 안 된다
cannot eat 먹을 수 없다

예문 체크

He can't go inside.
그는 안에 들어가면 안 돼요.

We can't speak loudly.
우리는 크게 말할 수 없어요.

I cannot eat spicy food.
나는 매운 음식을 먹을 수 없어요.

새로운 단어 •inside 분 안으로 •speak 동 말하다 •spicy 형 매운

Day 236 감탄사 총정리

감탄사

감탄사는 감정이나 느낌을 즉각적으로
표현할 때 사용하는 단어로, 기쁨, 놀라움,
슬픔, 분노 등의 감정을 말해요.

표현 블럭

Wow! 우아!

Oh my! 세상에!

Watch out! 조심해!

Oh no! 안 돼!

예문 체크

Wow! Look at those fireworks!
우아! 저 불꽃놀이 좀 봐!

Watch out! That pot is hot!
조심해! 저 냄비는 뜨거워!

Oh no! I spilled my drink!
안 돼! 나는 내 음료를 쏟았어요!

새로운 단어 · pot 명 냄비 · spill 동 쏟다 · drink 명 음료

가능, 허락을 나타내는 조동사 can의 의문문

'무엇을 할 수 있는지', '무엇을 해도 되는지'
허락을 받을 때는 Can을 문장의 맨 앞에 써서
의문문을 만들어요.

표현 블럭

Can ~ ride? ~은/는 탈 수 있는가?/타도 되는가?

Can ~ find? ~은/는 보물을 찾을 수 있는가?/찾아도 되는가?

Can ~ climb? ~은/는 오를 수 있는가?/올라도 되는가?

예문 체크

Can I ride horses?
제가 말을 타도 되나요?

Can you find the hidden treasure?
당신은 숨겨진 보물을 찾을 수 있나요?

Can you climb that tall tree?
당신은 저 높은 나무에 오를 수 있나요?

새로운 단어 ·horse 명 말 ·hidden 형 숨겨진 ·treasure 명 보물

접속사

접속사는 단어, 구, 절 또는 문장을
서로 연결해 주는 말이에요. 주로 이유, 대조,
추가, 조건 등을 표현할 때 사용해요.

표현 블럭

and 그리고

so 그래서

because 왜냐하면

or 또는

예문 체크

She likes grapes and watermelons.
그녀는 포도와 수박을 좋아해요.

It was raining, so we stayed inside.
비가 와서 우리는 안에 있었어요.

She stayed home because she was ill.
그녀는 아파서 집에 있었어요.

새로운 단어 ·grape 명 포도 ·watermelon 명 수박 ·ill 형 아픈

다음 초성 힌트를 보고 빈칸에 들어갈 단어를 맞혀 보세요.

❶ '~ ㅎ ㅅ ㅇ ㄷ '라고 가능을 말하고 싶을 때
ㅈ ㄷ ㅅ can을 쓰고,
can 뒤에는 ㄷ ㅅ ㅇ ㅎ 이 와요.

❷ can은 '해도 된다'는 ㅎ ㄹ 을 나타낼 때도 쓸 수
있어요.

❸ can의 부정문은 '~ ㅎ ㅅ ㅇ ㄷ ' 또는
'~ ㅎ ㅁ ㅇ ㄷ ㄷ '는 뜻이에요.

❹ can을 문장의 맨 앞에 사용해서 ㅇ ㅁ ㅁ 을
만들어요.

Day 234 전치사 총정리

전치사

전치사는 명사나 대명사 앞에 위치하여
시간, 장소, 방향 등을 나타내는 덩어리 표현을
만들 때 사용해요.

표현 블럭

on ~에, 특정한 날에

under ~아래에

at ~에서

during ~동안에

예문 체크

Her birthday is on Monday.
그녀의 생일은 월요일이에요.

The scary dog is under the table.
그 무서운 개는 테이블 아래에 있어요.

I hope to meet you at the amusement park.
나는 놀이공원에서 너를 만나길 바라.

새로운 단어 •scary 형 무서운 •hope 동 바라다 •amusement park 놀이공원

빈칸에 알맞는 단어를 넣어 문장을 완성해 보세요.

❶ 그는 차를 운전할 수 있다.

He ( ) drive a car.

He ( ) ( ) ( ) ( ) a car.

❷ 너는 내 초록색 자전거를 타도 돼.

You ( ) ( ) my green bike.

❸ 그는 안에 들어갈 수 없어요.

He ( ) go inside.

He ( ) go inside.

❹ 당신은 저 높은 나무에 오를 수 있나요?

( ) ( ) ( ) that tall tree?

❶ can, is, able, to, drive ❷ can, ride ❸ can't, cannot ❹ Can, you, climb

부사

부사는 동사, 형용사, 또는 다른 부사 등을
수식하여 동작이나 상태의 정도, 방법, 시간,
장소 등을 더 구체적으로 설명해 줘요.

표현 블럭

quickly 빠르게

always 항상

never 절대 ~않다

sometimes 때때로

예문 체크

She ran quickly to catch the bus.
그녀는 버스를 잡기 위해 빠르게 달렸어요.

The leacher always checks homework.
선생님은 항상 숙제를 확인하세요.

I sometimes forget to reply to emails.
나는 때때로 이메일에 답장하는 것을 잊어요.

새로운 단어 ・catch 동 잡다 ・check 동 확인하다 ・reply 동 대답하다, 답장하다

허락을 나타내는 조동사 may

may는 '~해도 돼요'라는 뜻이에요. 누군가에게
허락을 해 주거나 허락을 구할 때 써요.

표현 블럭

may join 참여해도 된다

may feed 먹이를 줘도 된다

may go 가도 된다

예문 체크

He may join the game.
그는 게임에 참여해도 돼요.

You may go home to rest.
당신은 쉬러 집에 가도 돼요.

She may feed the cat.
그녀는 그 고양이에게 먹이를 줘도 돼요.

새로운 단어 ·game 명 게임 ·rest 동 쉬다 ·feed 동 먹이다

형용사

형용사는 크기, 색깔, 모양, 성격, 감정, 맛,
냄새, 온도, 상태, 수량 등 물건이나 사람을
더 생생하게 묘사할 수 있게 도와줘요.

표현 블럭

beautiful 아름다운

many 많은

large 큰

red 빨간

예문 체크

She has a beautiful smile.
그녀는 아름다운 미소를 가지고 있어요.

He has many talents.
그는 많은 재능을 가지고 있어요.

He lives in a large house alone.
그는 큰 집에 혼자 살아요.

새로운 단어 ·smile 몡 미소 ·talent 몡 재능 ·alone 뷔 혼자

허락을 나타내는 조동사 may의 부정문

may not은 '~하면 안 돼요'라는 뜻이에요.
누군가에게 무엇을 하지 말라고 할 때 써요.
may not은 mayn't로 줄일 수 없어요.

표현 블럭

may not sit 앉으면 안 된다

may not use 사용하면 안 된다

may not wear 입으면 안 된다

예문 체크

You may not sit here.
당신은 여기에 앉으면 안 돼요.

We may not use a cellphone in the classroom.
우리는 교실에서 휴대 전화를 쓰면 안 돼요.

She may not wear this dress.
그녀는 이 드레스를 입으면 안 돼요.

새로운 단어 •cellphone 몡 휴대 전화 •classroom 몡 교실 •dress 몡 드레스

알맞은 단어에 ○ 표시하세요.

❶ 저는 새 폰을 샀어요. 저는 그것이 마음에 들어요.
I bought a new phone. I love (it / them).

❷ 사라와 제이크는 공원으로 갔어요. 그들은 좋은 시간을
보냈어요.
Sarah and Jake went to the park. (It / They)
had a great time.

❸ 교실 안에서 뛰지 마세요.
Don't (run / study) in the classroom.

❹ 그들은 다음 달에 여행을 갈 거예요.
They (can / must / will) go on a trip next month.

빈칸에 알맞은 단어를 넣어 문장을 완성하세요.

❺ 저는 이미 먹었어요. I already (   ).

❻ 날씨가 무척 좋아요. The (   ) is great.

❶ it ❷ They ❸ run ❹ will ❺ ate ❻ weather

약한 추측을 나타내는 조동사 may

may는 허락의 의미도 있지만,
'~일지도 모른다'라는 약한 추측을
나타낼 때에도 쓰여요.

표현 블럭

may win 이길지도 모른다

may shine 빛날지도 모른다

may bloom 만개할지도 모른다

예문 체크

You may win the competition.
당신이 대회에서 이길지도 몰라요.

The sun may shine brightly.
해가 밝게 빛날지도 몰라요.

The tulip may bloom.
튤립이 필지도 몰라요.

새로운 단어 ·competition 명 대회 ·brightly 부 밝게 ·tulip 명 튤립

Day 230 혼공 퀴즈 1

다음 초성 힌트를 보고 빈칸에 들어갈 단어를 맞혀 보세요.

❶ ㅁ ㅅ 는 사람, 장소, 사물, 동물, 아이디어 등의 이름을
나타내는 말이에요.

❷ ㄷ ㅁ ㅅ 는 I, you, he, it 등과 같은 단어로 앞에
나온 사람, 장소, 사물, 아이디어 등을 ㄷ ㅅ 해서
가리켜요.

❸ ㅇ ㅂ 동사는 '~한다'라는 ㄷ ㅈ 을 표현하는
단어이고, be동사, 조동사 외에 거의 모든 ㄷ ㅈ 을
나타내요.

❹ 일반 동사의 과거형은 '~ ㅎ ㄷ '라는 의미로 과거에
이미 했던 행동이나 과거의 상태를 나타내요.

❺ ㅈ ㄷ ㅅ 는 동사를 도와주는 역할을 해요.
동사의 앞에 주로 쓰이고 추가적인 의미를 더해 줘요.

❶ 명사 ❷ 대명사, 대신 ❸ 일반, 동작, 동작 ❹ 했다 ❺ 조동사

약한 추측을 나타내는 조동사 may의 부정문

may 뒤에 not을 붙이면
'~가 아닐지도 모른다'라는 부정문으로
만들 수 있어요.

표현 블럭

may not hear 듣지 못할지도 모른다

may not find 찾지 못할지도 모른다

may not like 좋아하지 않을지도 모른다

예문 체크

They may not hear the bell.
그들은 벨 소리를 듣지 못할지도 몰라.

We may not find the key.
우리는 열쇠를 찾지 못할지도 몰라.

She may not like the present.
그녀는 선물을 좋아하지 않을지도 몰라.

새로운 단어 · **bell** 명 벨, 종 · **key** 명 열쇠 · **present** 명 선물

조동사

조동사는 동사를 도와주는 역할을 해요.
동사의 앞에 주로 쓰이고
추가적인 의미를 더해 줘요.

표현 블럭

will ~할 것이다

can ~할 수 있다

may ~일지도 모른다

must ~해야만 한다

예문 체크

They will go on a trip next month.
그들은 다음 달에 여행을 갈 거예요.

Can you help me with this problem?
이 문제를 도와줄 수 있니?

You must wear a helmet.
너는 헬멧을 착용해야만 해.

새로운 단어 ·next 형 다음의 ·problem 명 문제 ·helmet 명 헬멧

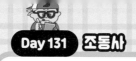

Day 131 조동사

허락을 나타내는 조동사 may의 의문문

'제가 ~해도 되나요?'라고 허락을 구할 때,
May I ~? 형태로 의문문을 만들어 사용해요.

표현 블럭

May I use ~ ? 사용해도 되는가?

May I ask ~ ? 물어봐도 되는가?

May I help ~ ? 도와드려도 되는가?

예문 체크

May I use the bathroom?
제가 화장실을 사용해도 되나요?

May I ask some questions?
제가 질문을 좀 해도 되나요?

May I help you?
제가 당신을 도와드려도 되나요?

새로운 단어 •**bathroom** 몧 화장실 •**some** 혱 몇몇의 •**question** 몧 질문

 **Day 228** 동사 총정리

일반 동사(과거형)

일반 동사의 과거형은 '~했다'라는 의미로 과거에
이미 했던 행동이나 과거의 상태를 말해요.

 표현 블럭

ate 먹었다

ran 뛰었다

studied 공부했다

liked 좋아했다

 예문 체크

I already ate 30 minutes ago.
저는 30분 전에 이미 먹었어요.

He ran across the bridge.
그는 다리 위를 뛰어서 건넜어요.

I studied hard for the test.
당신은 시험을 위해 열심히 공부했어요.

새로운 단어 ·minute 몡 분 ·ago 뿐 ~전에 ·across 쩐 가로질러

다음 초성 힌트를 보고 빈칸에 들어갈 단어를 맞혀 보세요.

❶ may는 '~ ㅎ ㄷ   ㄷ ㄷ '라는 뜻이에요.
누군가에게 ㅎ ㄹ 을 하거나 ㅎ ㄹ 을 구할 때
사용해요.

❷ may not은 '~ ㅎ ㅁ ㅇ   ㄷ ㄷ '라는 뜻이에요.
누군가에게 무엇을 하지 말라고 할 때 사용해요.

❸ may는 '~일지도 모른다'라는
약한 ㅊ ㅊ 을 나타낼 때에도 쓰여요.

❹ '제가 ~해도 되나요?'라고 ㅎ ㄹ 을 구할 때
May I ~? 형태로 의문문을 만들어 사용해요.

❶ 해도 된다, 허락, 허락 ❷ 하면 안 된다 ❸ 추측 ❹ 허락

일반 동사(현재형)

일반 동사는 '~한다'라는 동작을
표현하는 단어로 be동사, 조동사 외에
거의 모든 동작을 말해요.

표현 블럭

eat 먹다

run 뛰다

study 공부하다

like 좋아하다

예문 체크

Let's eat.
우리 함께 먹어요.

Don't run in the classroom, please.
제발 교실 안에서 뛰지 마세요.

Do you like to do the dishes?
당신은 설거지하는 것을 좋아하나요?

새로운 단어 • let's ~하자 • please ② 제발 • do the dishes 설거지하다

다음 문장을 읽고 맞으면 O, 틀리면 ×에 표시하세요.

❶ may not은 mayn't 로 축약할 수 있다. (O / ×)

빈칸에 알맞은 단어를 넣어 문장을 완성해 보세요.

❷ 그는 게임에 참여해도 돼요.
   He (   ) join the game.

❸ 너는 여기에 앉으면 안 된다.
   You (   ) (   ) sit here.

❹ 튤립이 필지도 몰라요.
   The tulip (   ) bloom.

다음 문장을 조동사 may를 사용하여 영작하세요.

❺ 제가 화장실을 사용해도 되나요?
   ⇨

❶ X ❷ may ❸ may, not ❹ may ❺ May I use the bathroom?

대명사

대명사는 I, you, he, it 등과 같은 단어로
앞에 나온 사람, 장소, 사물, 아이디어
등을 대신해서 가리켜요.

**표현
블럭**

They 그들은

It 그것은

it 그것을

He 그는

**예문
체크**

Sarah and Jake went to the pool. They had a great time.
사라와 제이크는 수영장에 갔어요. 그들은 좋은 시간을 보냈어요.

My dad baked a cake. It was delicious.
아빠가 케이크를 구웠어요. 그것은 맛있었어요.

I bought a new phone last month. I love it.
저는 지난달 새 폰을 샀어요. 저는 그것이 마음에 들어요.

새로운 단어 • pool 명 수영장 • baked(bake의 과거형) 동 (빵을) 구웠다 • month 명 달

의무를 나타내는 조동사 should

조동사 should는 어떤 것을 하는 게 좋으니까
'~해야 한다'의 뜻으로, 충고나 조언을 할 때 써요.
should 다음에는 동사 원형이 와야 해요.

표현 블럭

should help 도와야 한다

should rest 쉬어야 한다

should speak up 크게 말해야 한다

예문 체크

You should help people in need.
당신은 도움이 필요한 사람을 도와야 해요.

She should rest for her health.
그녀는 그녀의 건강을 위해 쉬어야 해요.

They should speak up more.
그들은 더 크게 말해야 해요.

새로운 단어 ·in need 도움이 필요한 ·health 몡 건강 ·more 튀 더

Day 225 명사 총정리

명사

명사는 사람, 장소, 사물, 동물, 아이디어
등의 이름을 나타내는 말이에요.

**표현
블럭**

chair 의자

weather 날씨

language 언어

car 자동차

**예문
체크**

There is a cheap chair.
저기 값싼 의자가 하나 있어요.

The weather is great during the festival.
축제 기간 동안 날씨가 좋아요.

There are many languages in the world.
세상에는 많은 언어들이 있어요.

새로운 단어 ·cheap 형 값싼 ·festival 명 축제 ·world 명 세계, 세상

의무를 나타내는 조동사 should의 부정문

should not은
'~하지 말아야 한다'라는 뜻이에요.
should not은 shouldn't로 줄일 수 있어요.

표현 블럭

should not shout 소리치지 말아야 한다
should not lie down 눕지 말아야 한다
should not run 뛰지 말아야 한다

예문 체크

You should not shout in the museum.
당신은 박물관에서 소리치지 말아야 해요.

He should not lie down on the bed.
그는 침대에 눕지 말아야 해요.

We should not run to be safe.
우리는 안전하기 위해 뛰지 말아야 해요.

새로운 단어 •lie down 눕다 •museum 명 박물관 •safe 형 안전한

의무를 나타내는 조동사 should의 의문문

Should가 주어 앞에 오면
꼭 무언가를 해야 하는지 묻는
의문문이 돼요.

표현 블럭

Should I play ~? 나는 ~를 연주해야 하는가?

Should it be ~? 그것은 ~해야 하는가?

Should we start ~? 우리는 ~을 시작해야 하는가?

예문 체크

Should I play the piano?
나는 피아노를 연주해야 하나요?

Should it be difficult?
그것은 어려워야 하나요?

Should we start it now?
우리는 그것을 지금 시작해야 하나요?

새로운 단어 • **play the piano** 피아노를 연주하다 • **difficult** 형 어려운
• **start** 동 시작하다

보기에서 알맞은 접속사를 골라 문장을 완성하세요.

보기 because, since, while, although

❶ 그 영화가 길었음에도 불구하고, 나는 그것이 아주 재미있다고 생각했다.

(   ) the movie was long, I found it very interesting.

───────────────────────

❷ 그녀는 버스를 놓쳐서 늦었어요.

She was late (   ) she missed the bus.

───────────────────────

❸ 그녀는 2010년 이후로 이 도시에 살고 있어요.

She's lived in this city (   ) 2010.

───────────────────────

❹ 나는 공부하는 동안 음악을 들었어요.

I listened to music (   ) I was studying.

빈칸에 알맞은 감탄사를 넣으세요.

❺ 조심해요! 땅에 뱀이 있어요.

W_____ o____! There is a snake on the ground.

❶ Although ❷ because ❸ since ❹ while ❺ (W)atch, (o)ut

강한 의무를 나타내는 조동사 must

'반드시~해야만 한다'라고 말할 때
조동사 must를 써요.
must 뒤에는 동사 원형이 와야 해요.

표현 블럭

must do 해야만 한다

must change 바뀌어야만 한다

must learn 배워야만 한다

예문 체크

You must do your best.
당신은 최선을 다해야만 해요.

I must change my habits.
나는 내 습관을 바꿔야만 해요.

They must learn science.
그들은 과학을 배워야만 해요.

새로운 단어 •do one's best 최선을 다하다 •habit 몡 습관 •science 몡 과학

다음 초성 힌트를 보고 빈칸에 들어갈 단어를 맞혀 보세요.

❶ because는 어떤 사건의 ㅇ ㅇ 을 나타내는
접속사예요.

❷ since는 '~이기 때문에'라는 의미로 쓰이는
ㅈ ㅅ ㅅ 예요. 하지만 since + ㅅ ㄱ 을
나타내는 표현으로 쓰이면 '~ ㅇ ㅎ ㄹ '라는 의미의
ㅈ ㅊ ㅅ 로도 쓰인답니다.

❸ although는 '~에도 ㅂ ㄱ 하고'라는 뜻으로, 앞에
나온 사실과 뒤에 나온 사실이 ㅂ ㄷ 될 때 사용해요.

❹ while은 '~하는 ㄷ ㅇ 에'라는 뜻으로,
ㄱ ㅇ 시간에 일어난 두 가지 일을 말할 때 사용해요.

❺ ㄱ ㅌ ㅅ 는 우리가 감정을 표현할 때 사용하는 짧은
말들이에요.

❶ 원인 ❷ 접속사, 시간, 이후로, 전치사 ❸ 불구, 반대 ❹ 동안, 같은 ❺ 감탄사

강한 의무를 나타내는 조동사 must의 부정문

must not+동사 원형은
'~하면 안 된다'라는 강한 금지의 뜻이에요.
must not은 mustn't로 줄일 수 있어요.

표현 블럭

must not open 열면 안 된다

must not lie 거짓말을 하면 안 된다

must not hide 숨으면 안 된다

예문 체크

You must not open the jar.
당신은 그 병을 열면 안 돼요.

She must not lie to the principal.
그녀는 교장 선생님께 거짓말을 하면 안 돼요.

We must not hide under the bed.
우리는 침대 아래에 숨으면 안 돼요.

새로운 단어 • jar 뗑 병 • principal 뗑 교장 • under 쩐 ~아래에

감정을 나타내는 감탄사

감탄사는 우리가 감정을 표현할 때 사용하는
짧은 말들이에요. 놀라움, 기쁨, 슬픔, 화남 등
다양한 감정을 말해요.

표현 블럭

Wow! 우아!

Oh my! 세상에!

Watch out! 조심해!

Oh no! 안 돼!

예문 체크

Wow! Look at that rainbow!
우아! 무지개를 봐요!

Oh my! Really?
이런! 정말인가요?

Watch out! There is a snake on the ground.
조심해요! 땅에 뱀이 있어요.

새로운 단어 • rainbow 명 무지개 • really 부 정말로 • snake 명 뱀 • ground 명 땅

Day 139 혼공 퀴즈 1

다음 초성 힌트를 보고 빈칸에 들어갈 단어를 맞혀 보세요.

❶ 조동사 should는 어떤 것을 하는 게 좋으니까 '~해야
   한다'의 뜻으로 ㅊ ㄱ 나 ㅈ ㅇ 을 나타내요.
   should 다음에는 ㄷ ㅅ ㅇ ㅎ 이 와야 해요.

❷ should not은 '~ ㅎ ㅈ ㅁ ㅇ ㅇ 한다'라는
   뜻이에요.

❸ should가 주어 앞에 오면 꼭 무언가를 ㅎ ㅇ 하는지
   묻는 의문문이 돼요.

❹ ' ㅂ ㄷ ㅅ ~ ㅎ ㅇ 만 한다'라고 말할 때
   조동사 must를 써요.

❺ must not +동사 원형은 '~하면 ㅇ ㄷ ㄷ '라는
   강한 ㄱ ㅈ 의 뜻이에요.

❶ 충고, 조언, 동사 원형 ❷ 하지 말아야 ❸ 해야 ❹ 반드시 해야 ❺ 안 된다, 금지

한국어에 맞게, 빈칸에 should 또는 must를 써넣으세요.

❶ 그녀는 쉬어야 해요.

　She (　　　) rest.

❷ 저는 바뀌어야만 해요.

　I (　　　) change.

다음 문장을 의문문으로 바꿔 쓰세요.

❸ We should start it now.

　⇨

다음 문장을 부정문으로 바꿔 쓰세요.

❹ We should run.

　⇨

❺ You must open the jar.

　⇨

Day 221 종속 접속사

동시에 일어난 일을 연결하는 while

while은 '~하는 동안'이라는 의미로, 같은 시간에
일어난 두 가지 일을 말할 때 사용해요.

표현 블럭

while I was studying 내가 공부하는 동안

while they were waiting 그들이 기다리는 동안

while she was watching TV 그녀가 TV를 보는 동안

while I set the table 내가 테이블을 차리는 동안

예문 체크

I listened to music while I was studying.
나는 공부하는 동안 음악을 들었어요.

Tom and Jack played games while they were waiting.
톰과 잭은 기다리는 동안 게임을 했어요.

He was reading a novel while she was watching TV.
그녀가 TV를 보는 동안 그는 소설을 읽고 있었어요.

새로운 단어 ·set (통) 차리다 ·listen (통) 듣다 ·novel (명) 소설

 **Day 141** 조동사

강한 의무를 나타내는 have to

have to는 must와 같이 '~해야만 한다'라는 뜻이에요. have to는 주어가 3인칭 단수일 때는 has to로 바뀌어요.

표현 블럭

have to study 공부해야만 한다
have to wear 입어야 한다
have to wake up 일어나야만 한다

예문 체크

You have to study history.
당신은 역사를 공부해야만 해요.

I have to wear my uniform.
나는 내 교복을 입어야만 해요.

They have to wake up early.
그들은 일찍 일어나야만 해요.

새로운 단어　•history 몡 역사　•uniform 몡 교복　•early 뿐 일찍

 **Day 220** 종속 접속사

반대인 사실을 연결하는 although

although는 '~에도 불구하고'라는 의미예요.
서로 반대인 두 사실을 연결할 때 사용해요.

표현 블럭

although the movie was long 그 영화가 길었음에도 불구하고

although she studied much 그녀가 많이 공부했음에도 불구하고

although he was tired 그가 피곤함에도 불구하고

although the test was difficult 그 시험이 어려웠음에도 불구하고

예문 체크

Although the movie was long, it was very interesting.
그 영화가 길었음에도 불구하고, 그것은 아주 흥미로웠어요.

She failed the test, although she studied much.
그녀가 많이 공부했음에도 불구하고, 시험에 떨어졌어요.

Although he was tired, he stayed up late.
그는 피곤했음에도 불구하고, 늦게까지 깨어 있었어요.

새로운 단어 ㆍ**fail** 동 (시험에서) 떨어지다 ㆍ**much** 부 많이 ㆍ**stay up** 깨어 있다

강한 의무를 나타내는 have to의 부정문

have to와 must의 부정문은 의미가 서로 달라요.
don't/doesn't have to+동사 원형은 '~할 필요가
없다, ~하지 않아도 된다'라는 뜻이에요.

표현 블럭

don't have to suffer 고통받을 필요가 없다
doesn't have to solve 해결할 필요가 없다
don't have to fight 싸울 필요가 없다

예문 체크

You don't have to suffer.
당신은 고통받을 필요가 없어요.

She doesn't have to solve the mystery.
그녀는 그 미스터리를 해결할 필요가 없어요.

They don't have to fight.
그들은 싸울 필요가 없어요.

새로운 단어 ·suffer 동 고통받다 ·mystery 명 미스터리 ·fight 동 싸우다

Day 219 종속 접속사

다양하게 쓰이는 since

since도 '~이기 때문에'라는 의미의 접속사예요.
하지만 since+시간을 나타내는 표현으로 쓰이면
'~ 이후로'라는 의미의 전치사도 돼요.

표현 블럭

since it is cold 추우니까

since we're early 우리가 일찍 왔으니까

since childhood 어린 시절 이후부터

since this morning 오늘 아침부터

예문 체크

Since it is cold, I'll wear a jacket.
추우니까, 저는 재킷을 입을 거예요.

Since we're early, we can get good seats.
우리가 일찍 왔으니까, 좋은 자리를 잡을 수 있어요.

They've been friends since childhood.
그들은 어린 시절 이후로 친구로 지내 왔어요.

새로운 단어 •jacket 명 재킷 •seat 명 자리, 좌석 •childhood 명 어린 시절

강한 의무를 나타내는 조동사 must의 의문문

must를 사용하여 의문문을 만들 때는
Must가 문장 맨 앞에 오도록 해요.
'~가 (반드시) ~를 해야만 하는가?'라는 의미예요.

표현 블럭

Must I do ~ ? 나는 ~를 해야만 하는가?

Must it be ~ ? 그것은 ~해야만 하는가?

Must they know ~ ? 그들은 ~를 알아야만 하는가?

예문 체크

Must I do my homework until today?
저는 제 숙제를 오늘까지 해야만 하나요?

Must it be difficult to remember?
그것은 기억하기 어려워야만 하나요?

Must they know the terrible news?
그들은 그 끔찍한 소식을 알아야만 하나요?

새로운 단어 ·until 웹 ~까지 ·remember 통 기억하다 ·terrible 형 끔찍한

Day 218 종속 접속사

원인을 설명하는 because

because는 '왜냐하면, ~이기 때문에,
~해서'라는 뜻이에요. 어떤 사건의 원인을
설명할 때 자주 쓰인답니다.

표현 블럭

because it was snowing 눈이 와서
because she missed the bus 그녀가 버스를 놓쳐서
because he wasn't hungry 그가 배고프지 않아서
because I got a good grade 내가 좋은 성적을 받아서

예문 체크

I left for home because it was snowing.
저는 눈이 와서 집으로 떠났어요.

She was late because she missed the bus.
그녀는 버스를 놓쳐서 늦었어요.

He skipped lunch because he wasn't hungry.
그는 배가 고프지 않아서 점심을 걸렀어요.

새로운 단어 • miss 동 놓치다 • leave for ~로 떠나다 • skip 동 거르다, 빼먹다

강한 추측을 나타내는 조동사 must

must는 어떤 일이 사실일 것이라고
강한 추측을 할 때도 사용할 수 있어요.
이때는 '~임이 틀림없다'라고 해석해요.

표현 블럭

must be ~한 상태임이 틀림없다

must love 사랑함에 틀림없다

예문 체크

You must be hungry.
당신은 배고픈 게 틀림없어요.

They must be scared.
그들은 겁에 질려 있는 게 틀림없어요.

They must love their children deeply.
그들은 그들의 자녀를 깊이 사랑하고 있음이 틀림없어요.

새로운 단어 •scared ⑧ 겁에 질린 •love ⑧ 사랑하다 •deeply ⑨ 깊이

보기에서 알맞은 접속사를 골라 문장을 완성하세요.

보기 and, or, but, neither, nor, so

❶ 그는 추워서 스웨터를 입었어요.

He was cold, (　　　) he put on a sweater.

❷ 그녀는 사과와 오렌지를 좋아해요.

She likes apples (　　　) oranges.

❸ 그는 스포츠에도 음악에도 관심이 없어요.

He is interested in (　　　) sports (　　　)
music.

❹ 그 고양이는 게으르지만 귀여워요.

The cat is lazy (　　　) cute.

❺ 오늘 비가 올까요 아니면 바람이 불까요?

Is it going to rain (　　　) be windy today?

❶ so ❷ and ❸ neither, nor ❹ but ❺ or

강한 추측을 나타내는 조동사 must의 부정문

must not(mustn't)은 강한 추측을 표현할 때
'~일 리가 없다'의 의미도 가져요.

표현 블럭

must not be ~ ~일 리가 없다

must not know 알 리가 없다

예문 체크

He must not be the art teacher.
그는 그 미술 선생님일 리가 없어요.

The young man mustn't be tired.
그 젊은 남자는 피곤할 리가 없어요.

You mustn't know him very well.
당신은 그를 매우 잘 알 리가 없어요.

새로운 단어 •art 몡 미술 •young 혱 젊은 •man 몡 남자

다음 초성 힌트를 보고 빈칸에 들어갈 단어를 맞혀 보세요.

❶ and는 ' ㄱ ㄹ ㄱ '라는 뜻으로 두 가지 생각이나 말을
ㅇ ㄱ 할 때 사용하는 말이에요.

❷ or는 ' ㄸ ㄴ '이라는 뜻으로, 두 가지 선택지 중에서
하나를 ㄱ ㄹ 때 사용하는 말이에요.

❸ but은 ' ㄱ ㄹ ㄴ '라는 뜻으로, 두 가지 서로
ㅂ ㄷ 되는 생각이나 말을 연결할 때 사용하는
말이에요.

❹ neither 다음에 주로 nor을 써서, '~둘 다
ㅇ ㄴ 다'라는 ㅂ ㅈ 표현을 나타내요.

❺ so는 ' ㄱ ㄹ ㅅ '라는 뜻으로 원인과 결과를 연결할
때 사용해요. so 앞에 주로 ㅇ ㅇ 이 오고,
그 뒤에 ㄱ ㄱ 가 와요.

❶ 그리고, 연결 ❷ 또는, 고를 ❸ 그러나, 반대 ❹ 아니, 부정 ❺ 그래서, 원인, 결과

Day 146 혼공 퀴즈 1

다음 초성 힌트를 보고 빈칸에 들어갈 단어를 맞혀 보세요.

❶ have to는 must와 같이 '~ ㅎ ㅇ ㅁ ㅎ ㄷ '라는 뜻이에요. have to는 주어가 3인칭 ㄷ ㅅ 일 때는 has to로 바뀌어요.

❷ don't / doesn't have to + 동사 원형은 '~할 ㅍ ㅇ 가 없다, ~하지 ㅇ ㅇ 도 된다'라는 뜻이에요.

❸ must를 사용해서 ㅇ ㅁ ㅁ 을 만들 때는 must가 문장 맨 앞에 오도록 해요.

❹ must는 어떤 일이 사실일 것이라고 강한 ㅊ ㅊ 을 할 때도 사용할 수 있어요. 이 때는 '~임이 ㅌ ㄹ 없다'라고 해석해요.

❺ must not은 강한 ㅊ ㅊ 을 나타낼 때 부정 표현으로 '~일 리가 ㅇ ㄷ '의 의미도 있어요.

원인과 결과를 연결하는 so

so는 '그래서'라는 뜻으로 원인과 결과를
연결할 때 사용해요. so 앞에 주로
원인이 오고, 그 뒤에 결과가 와요.

표현 블럭

so I used an umbrella 그래서 나는 우산을 사용했다

so we ate a snack 그래서 우리는 간식을 먹었다

so they turned on the light 그래서 그들은 불을 켰다

so he put on a sweater 그래서 그는 스웨터를 입었다

예문 체크

It was raining, so I used an umbrella.
비가 와서 나는 우산을 썼어요.

We were hungry, so we ate a snack.
우리는 배가 고파서 간식을 먹었어요.

He was cold, so he put on a sweater.
그는 추워서 스웨터를 입었어요.

새로운 단어 · umbrella 명 우산 · light 명 불 · put on 입다

Day 147 혼공 퀴즈 2

괄호 안의 단어를 모두 활용하여 문장을 완성해 보세요.
괄호 안의 단어는 변형이 가능해요.

❶ 그는 공부해야 해요. (have, study, to)
He (   ).

❷ 그들은 싸울 필요가 없어요. (fight, do, have, not, to)
They (   ).

❸ 제가 제 숙제를 해야만 하나요? (must, do, I, my)
(   ) homework?

❹ 그는 거기 있는 게 틀림없어요. (be, must, there)
He (   ).

❺ 당신이 그를 매우 잘 알 리가 없어요. (know, must, him, not)
You (   ) very well.

❶ has to study, ❷ do not have to fight
❸ Must I do my ❹ must be there ❺ must not know him

부정적인 말을 연결하는 nor

nor는 주로 neither 다음에 쓰이며
'~둘 다 아니다'라는 부정 표현을 나타내요.

표현 블럭

neither sugar nor salt 설탕도 소금도 아닌

neither keys nor wallet 열쇠도 지갑도 아닌

neither sports nor music 스포츠에도 음악에도 아닌

neither time nor patience 시간도 인내심도 아닌

예문 체크

The recipe requires neither sugar nor salt.
이 레시피에는 설탕도 소금도 필요하지 않아요.

She found neither keys nor wallet in her bag.
그녀는 그녀의 가방에서 열쇠도 지갑도 찾지 못했어요.

He is interested in neither sports nor music.
그는 스포츠에도 음악에도 관심이 없어요.

새로운 단어 •wallet 몡 지갑 •patience 몡 인내심 •require 동 필요로 하다

서로 반대되는 말을 연결하는 but

but은 '그러나'라는 뜻으로, 두 가지의
반대되는 생각이나 말을 연결할 때 사용해요.

표현 블럭

lazy but cute 게으르지만 귀여운
hard but fun 어렵지만 재미있는
tired but happy 피곤하지만 행복한
small but strong 작지만 강한

예문 체크

The cat is lazy but cute.
그 고양이는 게으르지만 귀여워요.

The puzzle is hard but fun.
그 퍼즐은 어렵지만 재미있어요.

I am small but strong.
나는 작지만 강해요.

새로운 단어 · lazy 형 게으른 · small 형 작은 · strong 형 강한 · puzzle 명 퍼즐

크기를 나타내는 형용사

크기를 나타내는 형용사는 명사의 크기나 규모를 설명해요. 이 형용사들을 사용하면 물건이나 사람의 크기를 다양하게 표현할 수 있어요.

표현 블럭

big 큰

small 작은

large 큰

tiny 아주 작은

예문 체크

The elephant is big.
그 코끼리는 커요.

The mouse is small.
그 쥐는 작아요.

The field is large.
그 들판은 커요.

새로운 단어 ·elephant 몡 코끼리 ·mouse 몡 쥐 ·field 몡 들판

Day 212 등위 접속사

이거 할래, 저거 할래
or

or는 '또는, ~가 아니면'이라는 뜻으로,
두 가지 선택지 중에서 하나를 고를 때
사용하는 말이에요.

표현 블럭

white or black 하얀색 아니면 검은색

a car or a bike 자동차 아니면 자전거

a pen or a pencil 펜 아니면 연필

rain or be windy 비 아니면 바람이 불다

예문 체크

Do you like white or black?
하얀색을 좋아해요, 아니면 검은색을 좋아해요?

Do you want to use a pen or a pencil?
펜을 사용할래요, 아니면 연필을 사용할래요?

Is it going to rain or be windy today?
오늘 비가 올까요 아니면 바람이 불까요?

새로운 단어 ·white 형 하얀색의 ·rain 동 비가 오다 ·windy 형 바람이 부는

Day 149 형용사

색깔을 나타내는 형용사

색깔 형용사는 명사의 색상을 설명해요.
이 형용사들을 사용하면 물건이나 사람의 색을
생생하게 표현할 수 있어요.

표현 블럭

red 빨간색의

blue 파란색의

yellow 노란색의

green 녹색의

예문 체크

She painted her nails red.
그녀는 그녀의 손톱을 빨갛게 칠했어요.

He picked a yellow flower.
그는 노란 꽃을 꺾었어요.

The lake is green.
호수는 녹색이에요.

새로운 단어 ·paint 동 칠하다 ·nail 명 손톱 ·pick 동 꺾다 ·lake 명 호수

두 단어를 연결하는 and

and는 '그리고'라는 뜻으로
두 가지 생각이나 말을 연결할 때 사용해요.
단어뿐만 아니라 문장도 연결할 수 있어요.

표현 블럭

a kitten and a puppy 아기 고양이와 강아지

apples and oranges 사과와 오렌지

milk and cookies 우유와 쿠키

a hat and sunglasses 모자와 선글라스

예문 체크

I have a kitten and a puppy.
나는 아기 고양이와 강아지가 있어요.

She likes apples and oranges.
그녀는 사과와 오렌지를 좋아해요.

They like milk and cookies.
그들은 우유와 쿠키를 좋아해요.

새로운 단어 ·kitten 명 아기 고양이 ·orange 명 오렌지 ·cookie 명 쿠키

모양을 나타내는 형용사

모양 형용사는 명사의 형태나 외관을 설명해요.
이 형용사들을 사용하면 물건이나 사람의 모양을
다양하게 표현할 수 있어요.

표현 블럭

round 둥근

square 네모난

triangular 삼각형의

rectangular 직사각형의

예문 체크

The clock is round.
그 시계는 둥글어요.

They bought a triangular sign.
그들은 삼각형 표지판을 샀어요.

The mirror is rectangular.
그 거울은 직사각형이에요.

새로운 단어 • clock 명 시계 • sign 명 표지판, 간판 • mirror 명 거울

성격을 나타내는 형용사

성격을 나타내는 형용사는
사람의 성격이나 특성을 설명해 줘요.

표현 블럭

kind 친절한

brave 용감한

honest 정직한

selfish 이기적인

예문 체크

My best friend is brave.
제 가장 친한 친구는 용감해요.

The judge is honest.
그 판사는 정직해요.

The thief is selfish.
그 도둑은 이기적이에요.

새로운 단어 •**best friend** 가장 친한 친구 •**judge** 명 판사 •**thief** 명 도둑

보기에서 알맞은 전치사를 골라 문장을 완성하세요.

보기 into, out of, up, down, over

❶ 비행기가 산을 넘어 날아갔어요.

The plane flew (   ) the mountains.

---

❷ 그녀는 교실 밖으로 걸어나갔어요.

She walked (   ) the classroom.

---

❸ 그들은 언덕 아래로 운전해서 내려가요.

They drive (   ) the hill.

---

❹ 그들은 놀기 위해 해변 위로 달렸어요.

They ran (   ) the beach to play.

---

❺ 그는 손을 주머니 안으로 넣었어요.

He put his hand (   ) the pocket.

Day 152 형용사

감정을 나타내는 형용사

감정을 나타내는 형용사는 사람의 감정 상태를
풍부하게 표현할 수 있게 도와줘요.

표현 블럭

bored 지루해하는

scared 무서워하는

excited 신난

surprised 놀란

예문 체크

We are all bored.
우리는 모두 지루해요.

He is scared of the ghost.
그는 그 유령을 무서워해요.

She is excited about the tour.
그녀는 그 관광에 대해 신났어요.

새로운 단어 · all 위 모두 · ghost 명 유령 · tour 명 관광, 여행

다음 초성 힌트를 보고 빈칸에 들어갈 단어를 맞혀 보세요.

❶ 움직임 전치사 into는 '~ ㅇ ㅇ ㄹ '를 의미해요.
물체가 어떤 공간이나 장소의 ㅇ ㅂ 에서 ㄴ ㅂ 로
들어가는 동작을 나타낼 때 사용해요.

❷ out of는 '~ ㅂ ㅇ ㄹ '를 의미하며, 어떤 것이
ㄴ ㅂ 에서 ㅇ ㅂ 로 이동하는 동작을 나타내요.

❸ up은 '~ ㅇ ㄹ '를 의미하며, 어떤 대상이
ㅇ ㄹ 에서 ㅇ 로 이동하는 동작을 나타내요.

❹ down은 '~ ㅇ ㄹ ㄹ '를 의미하며, 어떤 대상이
ㅇ 에서 ㅇ ㄹ 로 이동하는 동작을 나타내요.

❺ over는 어떤 것에 ㅂ ㅇ ㅇ ㅈ 않고 떨어져서
'~의 ㅇ 에 있는 것을 의미해요.
'~를 ㄴ ㅇ ㅅ '라는 의미도 있어요.

❶ 안으로, 외부, 내부 ❷ 밖으로, 내부, 외부
❸ 위로, 아래, 위 ❹ 아래로, 위, 아래 ❺ 붙어 있지, 위, 넘어서

Day 153 혼공 퀴즈 1

다음 초성 힌트를 보고 빈칸에 들어갈 단어를 맞혀 보세요.

❶ 형용사는 ㅁ ㅅ 를 꾸며 주는 단어예요.

❷ big, small과 같은 형용사는 명사의 ㅋ ㄱ 나
ㄱ ㅁ 를 설명해요.

❸ excited, surprised와 같은 형용사는
ㄱ ㅈ 을 표현해요.

❹ kind, brave, honest와 같은 형용사는 ㅅ ㄱ 이나
ㅌ ㅅ 을 나타내요.

❺ round, squre와 같은 형용사는 물건이나
사람의 ㅁ ㅇ 을 표현해요.

over

over는 on(~의 위에)과 달리 어떤 것에 붙어 있지
않고 떨어져서 '~의 위에' 있는 것을 의미해요.
'~를 넘어서'라는 의미도 있어요.

**표현
블럭**

over the table 테이블 위로

over the bed 침대 위로

over the mountains 산을 넘어서

over the line 선을 넘어서

**예문
체크**

I leaned over the table.
나는 테이블 위로 몸을 기울였어요.

She spread the blanket over the bed.
그녀는 침대 위에 담요를 펼쳤어요.

The plane flew over the mountains.
비행기가 산을 넘어 날아갔어요.

새로운 단어 •lean 통 기대다 •spread 통 펼치다 •blanket 명 담요
•plane 명 비행기

Day 154 혼공 퀴즈 2

빈칸에 알맞은 단어를 넣어 문장을 완성해 보세요.

❶ The field is l_____(큰).

❷ The lake is g_____(녹색의).

❸ The clock is r_____(둥근).

둘 중 알맞은 단어를 골라 보세요.

❹ My best friend is (brave / honest).
제 가장 친한 친구는 용감해요.

❺ She is (excited / bored) about the tour.
그녀는 그 관광에 대해 신났어요.

❶(l)arge ❷(g)reen ❸(r)ound ❹brave ❺excited

down

down은 '~아래로'를 의미하며,
어떤 대상이 위에서 아래로 이동하는
동작을 말할 때 사용해요.

표현 블럭

down the street 길 아래로

down the mountain 산 아래로

down the river 강 아래로

down the hill 언덕 아래로

예문 체크

He runs down the street.
그는 길 아래로 달려요.

She slides down the mountain.
그녀는 산을 미끄러져 내려가요.

They drive down the hill.
그들은 언덕 아래로 운전해서 내려가요.

새로운 단어 · **mountain** 몡 산 · **hill** 몡 언덕 · **slide** 동 미끄러지다

맛을 나타내는 형용사

맛을 나타내는 형용사를 쓰면
음식이나 음료의 맛을 설명하거나
생생하게 표현할 수 있어요.

표현 블럭

sour 신

bitter 쓴

salty 짠

spicy 매운

예문 체크

The lemon is sour.
그 레몬은 셔요.

The medicine is bitter.
그 약은 써요.

The curry is spicy.
그 카레는 매워요.

새로운 단어 · lemon 명 레몬 · medicine 명 약 · curry 명 카레

up

up은 '~위로'를 의미하며,
어떤 대상이 아래에서 위로 이동하는 동작을
말할 때 사용해요.

표현 블럭

up the ladder 사다리 위로

up the tree 나무 위로

up the road 도로 위로

up the beach 해변 위로

예문 체크

The cat climbed up the ladder.
고양이가 사다리를 올라갔어요.

The monkey went up the tree.
원숭이가 나무를 올라갔어요.

They ran up the beach to play.
그들은 놀기 위해 해변 위로 달렸어요.

새로운 단어 • ladder 명 사다리 • monkey 명 원숭이 • beach 명 해변

냄새를 나타내는 형용사

냄새를 나타내는 형용사는 음식, 사람,
사물에서 나는 냄새의 특성을 설명해 줘요.

표현 블럭

spicy 매운 냄새가 나는

stinky 악취가 나는

fishy 비린내가 나는

fresh 신선한

예문 체크

The ramen smells spicy.
라면은 매운 냄새가 나요.

The trash is stinky.
그 쓰레기는 악취가 나요.

The fish is fishy.
그 생선은 비린내가 나요.

새로운 단어 •**ramen** 몡 라면 •**trash** 몡 쓰레기 •**fish** 몡 생선

out of

out of는 '~밖으로'를 의미하며,
어떤 것이 내부에서 외부로 이동하는 동작을
말할 때 사용해요.

**표현
블럭**

out of the closet 옷장 밖으로

out of the room 방 밖으로

out of the classroom 교실 밖으로

out of the car 차 밖으로

**예문
체크**

She took the clothes out of the closet.
그녀는 옷을 옷장 밖으로 꺼냈어요.

He pulled the chair out of the room.
그는 의자를 방 밖으로 끌어냈어요.

She walked out of the classroom.
그녀는 교실 밖으로 걸어나갔어요.

새로운 단어 • closet 몡 옷장 • clothes 몡 옷 • pull 동 끌다

온도를 나타내는 형용사

온도를 나타내는 형용사는 특정한 물체나
환경의 온도 상태를 설명해 줘요.

표현 블럭

freezing 꽁꽁 얼게 추운

warm 따뜻한

cool 서늘한

chilly 쌀쌀한

예문 체크

I stood in the freezing rain.
나는 얼어붙을 듯한 빗속에 서 있었어요.

The breeze is cool.
그 바람은 서늘해요.

November mornings are chilly.
11월 아침은 쌀쌀해요.

새로운 단어 •stand 동 서 있다 •breeze 명 바람 •November 명 11월

Day 204 움직임 전치사

into

움직임 전치사 into는 '~안으로'를 의미해요.
물체가 어떤 공간이나 장소의 외부에서
내부로 들어가는 동작을 말할 때 사용해요.

**표현
블럭**

into the pocket 주머니 안으로

into the fountain 분수 안으로

into the hole 구멍 안으로

into the city 도시 안으로

**예문
체크**

He put his hand into the pocket.
그는 손을 주머니 안으로 넣었어요.

He threw the coin into the fountain.
그는 동전을 분수 안으로 던졌어요.

The rabbit hopped into the hole.
토끼가 구멍 안으로 뛰어들었어요.

새로운 단어 •pocket 명 주머니 •fountain 명 분수 •hop 동 뛰다 •hole 명 구멍

상태를 나타내는 형용사

상태를 나타내는 형용사는
명사, 대명사의 상태나 상황을 설명해 줘요.

표현 블럭

nice 좋은

clean 깨끗한

dirty 더러운

messy 지저분한

예문 체크

My brother's room is nice.
내 형의 방은 좋아요.

The kitchen is clean.
그 부엌은 깨끗해요.

The desk is messy.
그 책상은 지저분해요.

새로운 단어 · **brother** 몡 남자 형제 · **kitchen** 몡 부엌 · **desk** 몡 책상

보기에서 알맞은 전치사를 골라 문장을 완성하세요.

보기 next to, between, to, from, through

❶ 그녀는 집에서 공원까지 걸어갔어요.

She walked (   ) her home (   ) the park.

❷ 그 상점은 다른 상점들 사이에 있어요.

The store is (   ) other stores.

❸ 그는 접시들을 테이블 쪽으로 옮겼다.

He carried the plates (   ) the table.

❹ 램프가 소파 옆에 있어요.

The lamp is (   ) the couch.

❺ 그녀는 열쇠 구멍을 통해 들여다보았어요.

She looked (   ) the keyhole.

수량을 나타내는 형용사

수량을 나타내는 형용사는
명사, 대명사의 숫자나 양을 설명해 줘요.

**표현
블럭**

few 적은

some 약간의

several 몇몇의

many 많은

**예문
체크**

There are few people on the road.
길가에 사람이 적어요.

I need some help to pass the test.
나는 시험에 합격하기 위해 약간의 도움이 필요해요.

He visited several countries.
그는 몇몇의 나라들을 방문했어요.

새로운단어 · **road** 몡 길, 도로 · **pass** 통 통과하다 · **country** 몡 나라

다음 초성 힌트를 보고 빈칸에 들어갈 단어를 맞혀 보세요.

❶ 위치 전치사 next to는 '~ (바로) ㅇ 에'를 의미해요.
두 물체나 사람 사이에 ㄱ ㄹ 가 거의 없는 상태를
말해요.

❷ 위치 전치사 between은 '~ ㅅ ㅇ 에'를 의미해요. 주로
두 개 이상의 물체나 사람 ㅅ ㅇ 의 위치를 말해요.

❸ 움직임 전치사 to는 '~로, ~쪽으로'를 의미해요. 동작이
향하는 ㅂ ㅎ 이나 ㄷ ㅊ 하는 위치를 설명할 때
사용해요.

❹ 움직임 전치사 from은 '~ ㅇ ㅅ '를 의미해요.
동작이나 이동의 ㅊ ㅂ ㅈ 를 나타내요.

❺ 움직임 전치사 through는 '~를 ㅌ ㄱ 하여,
~를 ㅌ ㅎ ㅅ '를 의미해요. 물체나 사람이
어떤 공간이나 장애물을 지나가거나 ㅌ ㄱ 하는
동작을 나타내요.

❶ 옆, 거리 ❷ 사이, 사이 ❸ 방향, 도착 ❹ 에서, 출발지 ❺ 통과, 통해서, 통과

Day 160 혼공 퀴즈 1

다음 초성 힌트를 보고 빈칸에 들어갈 단어를 맞혀 보세요.

❶ 형용사로 ㅁ , ㄴㅅ , ㅇㄷ , ㅅㅌ ,
ㅅㄹ 을 나타낼 수 있어요.

❷ sour, bitter와 같은 형용사는 음식이나 음료의 ㅁ 을
표현해요.

❸ warm, cool과 같은 형용사는 ㅇ ㄷ 를 표현해요.

❹ nice, dirty와 같은 형용사는 명사의 ㅅ ㅌ 나
ㅅ ㅎ 을 설명해요.

❺ many, few와 같은 형용사를 활용하여 명사의
ㅅ ㄹ 을 나타낼 수 있어요.

❶ 맛, 냄새, 온도, 상태, 수량 ❷ 맛 ❸ 온도 ❹ 상태, 상황 ❺ 수량

through

움직임 전치사 through는
'~를 통과하여, ~를 통해서'를 의미해요.
물체나 사람이 어떤 공간이나 장애물을
지나가거나 통과하는 동작을 말할 때 사용해요.

**표현
블럭**

through the door 문을 통과하여

through the tunnel 터널을 통과하여

through the keyhole 열쇠구멍을 통해서

through the air 공중을 통해서

**예문
체크**

The cat went through the door.
고양이가 문을 통과했어요.

They crawled through the tunnel.
그들은 터널을 통과하여 기어갔어요.

She looked through the keyhole.
그녀는 열쇠 구멍을 통해 들여다보았어요.

새로운 단어 ·tunnel 몡 터널 ·keyhole 몡 열쇠 구멍 ·crawl 통 기어가다

빈칸에 알맞은 단어를 넣어 문장을 완성해 보세요.

❶ The medicine is _____ (쓴).

❷ The curry is _____ (매운).

❸ The trash is _____ (악취가 나는).

❹ I stood in the _____ (얼어붙을 듯한) rain.

❺ The desk is _____ (지저분한).

❻ There are _____ (적은) people.

❶ bitter ❷ spicy ❸ stinky ❹ freezing ❺ messy ❻ few

Day 200 움직임 전치사

from

움직임 전치사 from은 '~에서'를 의미해요.
동작이나 이동의 출발지를 말할 때 사용해요.

표현 블럭

from New York 뉴욕에서

from London 런던에서

from her home 그녀의 집에서

from the gallery 미술관에서

예문 체크

They moved here from New York.
그들은 뉴욕에서 이사왔어요.

The letter was sent from London.
그 편지는 런던에서 발송되었어요.

She walked from her home to the church.
그녀는 그녀의 집에서 교회까지 걸어갔어요.

새로운 단어 •move 동 이사하다 •sent(send의 과거형) 동 보냈다 •church 명 교회

Day 162 형용사

동사를 변형하여 만든 형용사 (현재 분사)

현재 분사는 동사에 ing를 붙인 형태로,
진행 중인 동작이나 상태를 나타내요.
주로 '~하는, 하고 있는'으로 해석해요.

표현 블럭

exciting 신나는

annoying 짜증 나는

tiring 피곤한

boring 지루한

예문 체크

The journey is exciting.
그 여행은 신이 나요.

The noise is annoying.
그 소음은 짜증 나요.

A long walk is tiring.
긴 산책은 피곤해요.

새로운 단어 •journey 몡 여행 •noise 몡 소음 •walk 몡 산책

to

움직임 전치사 to는 '~로(에), ~쪽으로'를 의미해요.
동작이 향하는 방향이나 도착하는 위치를
설명할 때 사용해요.

표현 블럭

to the studio 촬영장으로

to the table 테이블 쪽으로

to Paris 파리로

to the garage 차고로

예문 체크

She is going to the studio.
그녀는 촬영장으로 가고 있어요.

He carried the plates to the table.
그는 접시들을 테이블 쪽으로 옮겼어요.

They traveled to Paris for vacation.
그들은 파리로 휴가를 떠났어요.

새로운 단어 • studio ⑲ 촬영장 • carry ⑧ 운반하다, 옮기다 • travel ⑧ 여행하다

Day 163 형용사

동사를 변형하여 만든 형용사 (과거 분사)

과거 분사는 동사에 −ed가 붙거나
불규칙 변화를 한 형태로, 완료된 동작이나
상태를 나타내요. 주로 '~한'으로 해석하고
어떤 것에 영향을 받았을 때 사용해요.

표현 블럭

excited 신이 난

annoyed 짜증이 난

tired 피곤해진

bored 지루해진

예문 체크

My neighbors are excited.
저의 이웃들은 신이 나 있어요.

My younger sister is annoyed.
내 여동생은 짜증이 나 있어요.

I'm so tired.
나는 대단히 피곤해요.

새로운 단어 •neighbor 명 이웃 •younger 형 더 어린 •so 부 대단히

between

위치 전치사 between은 '~ 사이에'를 의미해요.
주로 둘 정도의 물건이나 사람 사이에
끼어 있을 때를 말해요.

표현 블럭

between her two friends 그녀의 두 친구 사이에

between other stores 다른 상점들 사이에

between the garden and the driveway 정원과 진입로 사이에

between countries 나라들 사이에

예문 체크

She sat between her two friends.
그녀는 그녀의 두 친구 사이에 앉아 있었어요.

The store is between other stores.
그 상점은 다른 상점들 사이에 있어요.

The fence is between the garden and the driveway.
울타리가 정원과 진입로 사이에 있어요.

새로운 단어 •sat(sit의 과거형) 동 앉았다 •store 명 상점 •fence 명 울타리
•driveway 명 진입로

(서술적 용법으로) 명사의 상태를 설명하는 형용사

형용사가 be동사 뒤에 쓰이는 것을
서술적 용법이라고 해요. be동사와 덩어리로
'~이다, ~하다'라고 해석해요.

**표현
블럭**

nice 좋은, 친절한

amazing 놀라운

awesome 어마어마한, 엄청난

horrible 끔찍한

**예문
체크**

The weather is nice.
날씨가 좋아요.

The musical was amazing.
그 뮤지컬은 놀라웠어요.

Her performance was awesome.
그녀의 공연은 대단했어요.

새로운 단어 •weather 몡 날씨 •musical 몡 뮤지컬 •performance 몡 공연

next to

위치 전치사 next to는 '~ (바로) 옆에'를 의미해요.
학교에서 옆자리에 앉은 짝꿍처럼 두 물체나
사람 사이 거리가 거의 없는 상태를 말해요.

표현 블럭

next to the couch 소파 옆에

next to his nephew 그의 조카 옆에

next to the cinema 영화관 옆에

next to the fire station 소방서 옆에

예문 체크

The lamp is next to the couch.
램프가 소파 옆에 있어요.

He is standing next to his nephew.
그는 그의 조카 옆에 서 있어요.

The restaurant is next to the cinema.
식당이 영화관 옆에 있어요.

새로운 단어 ・lamp 명 조명 ・nephew 명 조카 ・cinema 명 영화관

(서술적 용법으로) 명사의 외모를 설명하는 형용사

명사의 외모를 묘사하는 형용사가
be동사 뒤에 쓰여서 주어의 상태를 설명해요.

표현 블럭

beautiful 아름다운

handsome 잘생긴

elegant 우아한

stunning 매혹적인

예문 체크

The celebrity is beautiful.
그 연예인은 아름다워요.

The actor is quite handsome.
그 배우는 꽤 잘생겼어요.

The black dress is elegant.
그 검정 드레스는 우아해요.

새로운 단어 ·celebrity 몡 연예인 ·quite 뷔 꽤 ·black 혱 검은색의

보기에서 알맞은 전치사를 골라 문장을 완성하세요.

보기 at, on, in, in front of, behind

❶ 학교가 놀이터 뒤에 있어요.

The school is (   ) the playground.

❷ 셔츠 위에 얼룩이 있어요.

There is a stain (   ) the shirt.

❸ 저는 버스 정류장에 있어요.

I am (   ) the bus stop.

❹ 동상이 박물관 앞에 있어요.

The statue is (   ) the museum.

❺ 그들은 식당에서 저녁을 먹고 있어요.

They are having dinner (   ) a restaurant.

❻ 열쇠가 서랍 안에 있어요.

The keys are (   ) the drawer.

❶ behind ❷ on ❸ at ❹ in front of ❺ at(in) ❻ in

(서술적 용법으로) 명사의 감각을 설명하는 형용사

명사의 감각적 상태를 설명하는 형용사는
be동사 뒤에 쓰여요. 이때 be동사 대신
감각 동사를 써서 더 생생하게 표현할 수 있어요.

표현 블럭

cold 차가운

delicious 맛있는

wonderful 멋진, 훌륭한

soft 부드러운

예문 체크

The ice feels cold.
얼음이 차갑게 느껴져요.

The dish tastes delicious.
이 요리는 맛있어요.

The music sounds wonderful.
이 음악은 멋지게 들려요.

새로운 단어 • ice 명 얼음 • dish 명 요리 • sound 동 ~같이 들리다

Day 195 혼공 퀴즈 1

다음 초성 힌트를 보고 빈칸에 들어갈 단어를 맞혀 보세요.

❶ 장소 전치사 at은 '~ ㅇㅅ , ~ ㅇ '를 의미해요.

❷ 장소 전치사 on은 '~ ㅇ 에, ~ ㅇ '를 의미해요.
어떤 것이 다른 것의 표면 위에 '착 ㄷㄹㅂㅇ '
있는 상태를 말해요.

❸ 장소 전치사 in은 '~ ㅇ 에, ~ ㅇ 에서'를 의미해요.
일반적으로 특정 공간이나 영역의 ㄴㅂ 에 위치할 때
사용해요.

❹ 위치 전치사 in front of는 '~ ㅇ 에'를 의미해요. 어떤
것의 ㅇ 또는 ㅈㅁ 에 위치해 있을 때 사용해요.

❺ 위치 전치사 behind는 '~ ㄷ , ~ ㄷ 에'를 의미해요.
어떤 물체가 다른 물체의 ㄷ 쪽에 있을 때 사용해요.

❶ 에서, 에 ❷ 위, 에, 달라붙어 ❸ 안, 안, 내부 ❹ 앞, 앞, 정면 ❺ 뒤, 뒤, 뒤

Day 167 혼공 퀴즈 1

다음 초성 힌트를 보고 빈칸에 들어갈 단어를 맞혀 보세요.

❶ ㅎ ㅈ ㅂ ㅅ 는 동사에 ing를 붙인 형태로,
'~ ㅎ ㄴ', '~ ㅎ ㄱ ㅇ ㄴ'으로 해석해요.

❷ ㄱ ㄱ ㅂ ㅅ 는 동사에 -ed를 붙인 형태로,
ㅇ ㄹ 된 동작이나 상태를 주로 나타내요.

❸ 형용사가 be동사 뒤에서 쓰이는 것을
ㅅ ㅅ ㅈ 용법이라고 해요.

❹ beautiful, handsome과 같은 형용사는 명사의
ㅇ ㅁ 를 묘사해요.

❺ 명사의 감각을 설명하는 형용사는 be동사 또는
ㄱ ㄱ ㄷ ㅅ 뒤에 사용돼요.

❶ 현재 분사, 하는, 하고 있는 ❷ 과거 분사, 완료 ❸ 서술적 ❹ 외모 ❺ 감각 동사

behind

위치 전치사 behind는 '~뒤, ~뒤에'를 의미해요.
어떤 물체가 다른 물체의 뒤쪽에 있음을
말할 때 사용해요.

표현 블럭

behind the sofa 소파 뒤에
behind the playground 놀이터 뒤에
behind the city hall 시청 뒤에
behind the crowd 군중 뒤에

예문 체크

The box is behind the sofa.
상자가 소파 뒤에 있어요.

The school is behind the playground.
학교가 놀이터 뒤에 있어요.

The parade went behind the city hall.
퍼레이드가 시청 뒤를 지나갔어요.

새로운 단어 •playground 명 놀이터 •went(go의 과거형) 동 갔다 •city hall 시청

빈칸에 알맞은 단어를 넣어 문장을 완성해 보세요.

❶ The weather is n_____(좋은).

❷ The new dress is e_____(우아한).

둘 중 알맞은 단어를 골라 보세요.

❸ The journey is (exciting / excited).

❹ The noise is (annoying / annoyed).

단어를 조합하여 영어 문장을 만들어 보세요.

❺ (delicious, tastes, the dish)
   ⇨

❶(n)ice ❷(e)legant ❸exciting ❹annoying ❺The dish tastes delicious.

Day 193 위치 전치사

in front of

위치 전치사 in front of는 '~앞에'를 의미해요.
어떤 것의 앞 또는 정면에 있음을
말할 때 사용해요.

표현 블럭

in front of the museum 박물관 앞에

in front of the door 문 앞에

in front of the office 사무실 앞에

in front of you 너의 앞에

예문 체크

The statue is in front of the museum.
동상이 박물관 앞에 있어요.

The dog is barking in front of the wooden door.
개가 나무로 된 문 앞에서 짖고 있어요.

He is sitting in front of the office.
그는 사무실 앞에 앉아 있어요.

새로운 단어 •statue 명 동상, 조각상 •bark 동 짖다 •wooden 형 나무로 된
•office 명 사무실

in

장소 전치사 in은 '~안에, ~안에서'를 의미해요.
일반적으로 주어가 특정 공간이나
영역의 내부에 있을 때 사용해요.

표현 블럭

in the drawer 서랍 안에

in the park 공원 안에

in the cafeteria 구내 식당 안에서

in the book 책 속에서

예문 체크

The keys are in the drawer.
열쇠가 서랍 안에 있어요.

There are many squirrels in the park.
공원 안에 많은 다람쥐들이 있어요.

We will meet in the cafeteria.
우리는 구내 식당 안에서 만날 거예요.

새로운 단어 •drawer 몡 서랍장 •squirrel 몡 다람쥐 •cafeteria 몡 구내식당

 **Day 169** 부사

형용사에 -ly를 붙여 만드는 부사

부사는 형용사, 동사, 다른 부사 등을 꾸며 주는
역할을 해요. 주로 '~하게'라고 해석하고,
형용사에 -ly를 붙여 만들어요.

표현 블럭

careful 조심스러운 ▶ carefully 조심스럽게

quick 빠른 ▶ quickly 빠르게

slow 느린 ▶ slowly 느리게

quiet 조용한 ▶ quietly 조용히

예문 체크

She drives her electric car carefully.
그녀는 그녀의 전기 차를 조심스럽게 운전해요.

He runs quickly.
그는 빠르게 달려요.

The turtle moves slowly.
그 거북이는 느리게 움직여요.

새로운 단어 •electric 형 전기의 •turtle 명 거북이 •move 동 움직이다

on

장소 전치사 on은 '~위에, ~에'를 의미해요.
어떤 것이 다른 것의 표면 위에
착 달라붙어 있는 상태를 말해요.

표현 블럭

on the shirt 셔츠 위에
on the boat 배 위에
on the street 거리에서
on the bus 버스에서

예문 체크

There is a stain on the shirt.
셔츠 위에 얼룩이 있어요.

She is on a boat.
그녀는 배 위에 있어요.

The children are playing on the street.
아이들이 거리에서 놀고 있어요.

새로운 단어 •shirt 몡 셔츠 •stain 몡 얼룩 •boat 몡 보트, 배 •street 몡 거리

 **Day 170** 부사

e를 삭제하고 -ly를 붙여서 만드는 부사

형용사가 e로 끝나는 경우, e를 빼고
그 뒤에 -y 또는 -ly를 붙여 부사로 만들어요.

 표현 블럭

true 진정한 ▶ truly 진정으로

simple 완전한 ▶ simply 완전히

unbelievable 믿기 힘든 ▶ unbelievably 믿기 힘들 정도로

safe 안전한 ▶ safely 안전하게

 예문 체크

He truly believes them.
그는 진정으로 그들을 믿어요.

She explained it simply.
그녀는 그것을 간단하게 설명했어요.

The test was unbelievably difficult.
그 시험은 믿을 수 없을 정도로 어려웠어요.

새로운 단어 •believe 동 믿다 •explain 동 설명하다 •test 명 시험

at

같은 전치사라도 다른 상황에서는
다른 의미로 쓰여요. at+장소를 뜻하는 단어로
쓰면 '~에서, ~에'라는 의미가 돼요.

표현 블럭

at the bus stop 버스 정류장에
at the window 창가에
at a restaurant 식당에서
at home 집에서

예문 체크

I am at the bus stop.
저는 버스 정류장에 있어요.

The cat is sitting at the window.
고양이가 창가에 앉아 있어요.

They are having dinner at a restaurant.
그들은 식당에서 저녁을 먹고 있어요.

새로운 단어 •bus stop 버스 정류장 •window 영 창문 •restaurant 영 식당

y를 i로 바꾸고 -ly를 붙여서 만드는 부사

형용사가 y로 끝나는 경우, y를 i로 바꾸고
그 뒤에 -ly를 붙여 부사로 만들어요.

표현 블럭

happy 행복한 ▶ happily 행복하게

easy 쉬운 ▶ easily 쉽게

angry 화난 ▶ angrily 화를 내며

busy 바쁜 ▶ busily 바쁘게

예문 체크

They lived happily ever after.
그들은 영원히 행복하게 살았답니다.

She finished the project easily.
그녀는 그 일을 쉽게 끝냈어요.

He shouted angrily.
그는 화를 내며 소리쳤어요.

새로운 단어 •ever after 그 뒤로 쭉 •project 圏 프로젝트, 일 •shout 图 소리치다

Day 189 혼공 퀴즈 2

보기에서 알맞은 전치사를 골라 문장을 완성하세요.

보기 at, on, in, before, after, during, for

❶ 그녀는 한 시간 동안 피아노 연습을 했어요.

She practiced the piano (   ) an hour.

❷ 우리는 시험 시간 동안 조용히 했어요.

We were quiet (   ) the test.

❸ 쇼는 5시에 시작해요.

The show starts (   ) 5 o'clock.

❹ 그들은 미술 수업 후에 교실을 청소해요.

They clean the classroom (   ) art class.

❺ 4월에 꽃이 피어요.

Flowers bloom (   ) April.

❻ 우리는 새해 첫날에 불꽃놀이를 봐요.

We watch fireworks (   ) New Year's Day.

❶ for ❷ during ❸ at ❹ after ❺ in ❻ on

 **Day 172** 부사

형용사와 형태가 같은 부사

형용사와 형태가 같은 부사도 있어요. 이러한 단어들은 문장 속에서 의미를 파악해야 해요.

 표현 블럭

early 이른 ▶ early 일찍

late 늦은 ▶ late 늦게

fast 빠른 ▶ fast 빠르게

hard 어려운 ▶ hard 열심히

 예문 체크

형용사 She took an early train. 그녀는 이른 기차를 탔어요.
부 사 She arrived early. 그녀는 일찍 도착했어요.

형용사 He is a late sleeper. 그는 늦게 자는 사람이에요.
부 사 He arrived late. 그는 늦게 도착했어요.

형용사 He drives a fast car. 그는 빠른 차를 운전해요.
부 사 He drives fast. 그는 빠르게 운전해요.

새로운 단어 ・train 명 기차 ・sleeper 명 자는 사람 ・arrive 동 도착하다

다음 초성 힌트를 보고 빈칸에 들어갈 단어를 맞혀 보세요.

❶ 시간 전치사 at은 특정한 ㅅ ㄱ , ㅅ ㄱ ,
   짧은 ㅅ ㄱ 을 나타낼 때 사용해요.

❷ 시간 전치사 on은 특징한 ㄴ 이니 ㄴ ㅉ 를
   나타낼 때 사용해요.

❸ 시간 전치사 in은 ㄱ ㅈ , ㅇ , ㅇ ㄷ
   또는 하루 중의 특정 시간대를 나타낼 때 사용해요.

❹ 시간 전치사 before와 after는 어떤 사건이나 활동이
   다른 사건이나 활동의 전, 후 중 ㅇ ㅈ 일어났는지를
   나타낼 때 사용해요.

❺ 시간 전치사 during 다음에는 특정한 ㅎ ㄷ ,
   for 다음에는 ㅅ ㅅ 기간이 와요.

❶ 시간, 시각, 순간 ❷ 날, 날짜 ❸ 계절, 월, 연도 ❹ 언제 ❺ 활동, 숫자

빈도 부사

빈도 부사는 어떤 일이 얼마나 자주 발생하는지를
나타내는 부사예요. 주로 일반 동사의 앞에 오거나
조동사, be동사 뒤에 와요.

**표현
블럭**

always 언제나

often 자주

sometimes 가끔

never 전혀 ~하지 않는

**예문
체크**

She always gets up early.
그녀는 항상 일찍 일어나요.

They often visit their grandparents.
그들은 자주 그들의 조부모님을 방문해요.

I sometimes go for a walk in the evening.
저는 가끔 저녁에 산책을 가요.

새로운 단어 ·get up 일어나다 ·visit ⑧ 방문하다 ·evening ⑨ 저녁

during / for

during과 for는 다 '~동안'을 의미해요.
하지만 during+특정한 활동,
for+숫자 기간이라는 큰 차이가 있답니다.

**표현
블럭**

for an hour 한 시간 동안

for three days 3일 동안

during the movie 영화 보는 동안

during the meeting 회의하는 동안

**예문
체크**

I was camping for three days.
나는 3일 동안 캠핑을 하고 있었어요.

My dad fell asleep during the movie.
내 아빠는 영화 보는 동안 잠들었어요.

Mr. Kim stayed quiet during the meeting.
Mr. Kim은 회의 동안 조용히 있었어요.

새로운 단어 • camp 동 캠핑하다 • fall asleep 잠이 들다 • stay 동 (상태를) 유지하다
• quiet 형 조용한

다음 초성 힌트를 보고 빈칸에 들어갈 단어를 맞혀 보세요.

❶ | ㅂ | ㅅ | 는 | ㅁ | ㅅ | 를 제외한 나머지를 꾸며 주는
역할을 해요.

❷ 부사는 주로 '~ | ㅎ | ㄱ | '라고 해석하고, | ㅎ | ㅇ | ㅅ | 에
-ly를 붙여 만들어요.

❸ | ㅂ | ㄷ | ㅂ | ㅅ | 는 어떤 일이 얼마나 자주
발생하는지를 나타내요.

다음 중 맞는 것에 ○ 표하세요.

❹ 형용사와 형태가 같은 부사도 있다. (○ / ✕)

❺ 빈도 부사는 조동사와 be동사의 (앞 / 뒤), 일반 동사의
(앞 / 뒤)에 위치해요.

❶ 부사, 명사 ❷ 하게, 형용사 ❸ 빈도 부사 ❹ ○ ❺ 뒤, 앞

before / after

시간 전치사 before와 after는 어떤 사건이나
활동이 다른 사건이나 활동의 전, 후 중에
언제 일어났는지를 말할 때 사용해요.

**표현
블럭**

after lunch 점심시간 후에
before math class 수학 수업 전에
before PE class 체육 수업 전에

**예문
체크**

They clean the classroom after lunch.
그들은 점심 이후에 교실을 청소해요.

I sharpen my pencil before math class.
나는 수학 수업 전에 연필을 깎아요.

She ties her hair before PE class.
그녀는 체육 수업 전에 그녀의 머리를 묶어요.

새로운 단어 •sharpen 동 날카롭게 하다 •tie 동 묶다 •PE 명 체육

다음 형용사를 부사로 만들어 보세요.

❶ simple (   )

❷ angry (   )

다음 중 우리말 의미와 맞는 단어에 ○ 표시하세요.

❸ The teacher exlpained it (simple / simply).

❹ The cat walks (quiet / quietly).

단어를 조합하여 영어 문장을 만들어 보세요.

❺ (get up, always, early, I)

   ⇨

❶ simply ❷ angrily ❸ simply ❹ quietly ❺ I always get up early.

in

시간 전치사 in은 계절, 월, 연도, 또는
아침에, 오후에처럼 하루 중의 특정 시간대를
말할 때 사용해요.

표현 블럭

in winter 겨울에

in April 4월에

in 2024 2024년에

in the evening 저녁에

예문 체크

We ski in winter.
우리는 겨울에 스키를 타요.

Flowers bloom in April.
4월에 꽃이 피어요.

My parents take a walk in the evening.
내 부모님은 저녁에 산책을 해요.

새로운 단어 •ski 동 스키를 타다 •bloom 동 꽃이 피다 •parents 명 부모님

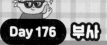

동사를 수식하는 부사

동사를 수식하는 부사는 동작이 언제, 어디서,
어떻게, 얼마나 일어나는지를 알려 줘요.

표현 블럭

slowly 천천히, 느리게

quickly 빠르게

easily 쉽게

happily 행복하게

예문 체크

I slowly opened the door.
나는 문을 천천히 열었어요.

We quickly cleaned the room.
우리는 방을 빠르게 청소했어요.

They easily won the game.
그들은 게임을 쉽게 이겼어요.

새로운 단어 • open 통 열다 • clean 통 청소하다 • won(win의 과거형) 통 이겼다

 **Day 184** 시간 전치사

on

시간 전치사 on은 특정한 날이나 날짜를
말할 때 사용해요. 하루, 특별한 날을 뜻하는
명사 앞에 사용해요.

**표현
블럭**

on New Year's Day 새해 첫날에

on Christmas Eve 크리스마스이브에

on my birthday 내 생일에

on Sunday 일요일에

**예문
체크**

We watch fireworks on New Year's Day.
우리는 새해 첫날에 불꽃놀이를 봐요.

They open gifts on Christmas Eve.
그들은 크리스마스이브에 선물을 열어요.

We have a special party on my birthday.
우리는 내 생일에 특별한 파티를 해요.

새로운 단어 ·**firework** 명 불꽃놀이 ·**special** 형 특별한 ·**party** 명 파티

형용사를 수식하는 부사

형용사를 수식하는 부사는
형용사가 '얼마나 ~한지' 정도를 알려 줘요.

표현 블럭

very 매우

quite 꽤

so 너무

rather 다소

예문 체크

She is very talented.
그녀는 매우 재능이 있어요.

The story is quite dramatic.
그 이야기가 꽤 극적이에요.

She is so happy today.
그녀는 오늘 너무 행복해요.

새로운 단어 •talented 형 재능이 있는 •story 명 이야기 •dramatic 형 극적인

at

전치사는 주로 전치사+명사의 형태로 결합해서
덩어리로 의미를 만들어요. 특히 시간 전치사
at은 '~에'라는 의미로, 특정한 시간, 시각,
또는 짧은 순간을 말할 때 사용해요.

표현 블럭

at noon 정오에

at midnight 자정에

at ~ o'clock 정각에

at the moment 그 순간에

예문 체크

The bell rings at noon.
종이 정오에 울려요.

He goes to bed at midnight.
그는 자정에 잠자리에 들어요.

The show starts at 5 o'clock.
쇼는 5시에 시작해요.

새로운 단어 •ring 동 울리다 •midnight 명 자정 •show 명 쇼

다른 부사를 수식하는 부사

다른 부사를 수식하는 부사는 주로 부사의
정도를 강화하거나 약화시키는 역할을 해요.

표현 블럭

rather 꽤

almost 거의

too 너무

extremely 극도로

예문 체크

He answered rather quickly during the quiz.
그는 퀴즈를 하는 동안 꽤 빨리 대답했어요.

They are almost always late.
그들은 거의 항상 늦어요.

She jogs too often.
그녀는 너무 자주 조깅해요.

새로운 단어 •answer 동 대답하다 •quiz 명 퀴즈 •jog 동 조깅하다

문장 전체를 수식하는 부사

문장 전체를 수식하는 부사는
문장의 내용 전체에 대해 의견이나 감정을
나타내는 역할을 해요.

표현 블럭

luckily 운 좋게도

sadly 슬프게도

honestly 솔직히

surprisingly 놀랍게도

예문 체크

Luckily, we found the keys.
운 좋게도 우리는 열쇠를 찾았어요.

Sadly, the cat ran away.
슬프게도 그 고양이는 도망갔어요.

Surprisingly, he ate all the vegetables.
놀랍게도 그는 모든 채소를 먹었어요.

새로운 단어 •**found**(find의 과거형) 图 찾았다 •**ran**(run의 과거형) 图 달렸다
•**ate**(eat의 과거형) 图 먹었다 •**vegetable** 图 채소

밑줄 친 부사가 수식하고 있는 단어를 쓰세요.

❶ She is <u>very</u> pretty.

⇨ ....

❷ They <u>easily</u> won the game.

⇨

다음 중 올바른 단어를 선택하세요.

❸ (Lucky / Luckily), we found the keys.

....

❹ He answered rather (quick / quickly) during the quiz.

다음 우리말을 적절한 부사를 활용하여 영작해 보세요.

❺ 나는 천천히 문을 열었다.

⇨

❶ pretty ❷ won ❸ Luckily ❹ quickly
❺ I opened the door slowly. / I slowly opened the door.

장소를 나타내는 부사

장소를 나타내는 부사는
동작이 어디서 일어나는지를 설명해 줘요.

표현 블럭

here 여기

there 저기

everywhere 모든 곳에

nearby 가까이에

예문 체크

My favorite place is here.
제가 가장 좋아하는 장소는 여기예요.

He is waiting there.
그는 저기서 기다리고 있어요.

I shopped everywhere.
나는 모든 곳에서 쇼핑했어요.

새로운 단어 • place 몡 장소 • wait 통 기다리다 • shop 통 쇼핑하다

다음 초성 힌트를 보고 빈칸에 들어갈 단어를 맞혀 보세요.

❶ slowly, quickly와 같은 부사는 ㄷ ㅅ 를 수식하며, 동작이 어떻게, 언제, 어디서, 얼마나 일어나는지를 설명해요.

❷ here, there처럼 ㅈ ㅅ 를 나타내는 부사는 동작이 어디서 일어나는지 설명해요.

다음 중 맞는 것에 ○ 표시하세요.

❸ 부사는 형용사를 수식할 수 없다. (○ / ✕)

❹ 부사는 다른 부사의 정도를 강화하거나 약화시켜 줄 수 있다. (○ / ✕)

❺ 문장 (전체 / 부분)를 수식하는 부사는 문장 내용에 대한 의견이나 감정을 나타내요.